Panzers in Diorama

The Secrets and Techniques of the world modelers to Explained by Kazuya Yoshioka.

Roger Hurkmans

Kreangkrai Paojinda

Kazunori Yamada

Volker Bembennek

Peter W Usher

Giang Xuan Le

Bernhard Lustig

Imad Bouantoun

Greg Cihlar

パンツァーズ イン ダイオラマ

吉岡和哉がわかりやすく解説する海外モデラーが傑作を作る秘訣と技法

大日本絵画
Dainippon Kaiga

Panzers in Diorama

The Secrets and Techniques of the world modelers
to Explained by Kazuya Yoshioka.

パンツァーズ イン ダイオラマ

Contents
目 次

006	Special conversation	吉岡和哉×ロジャー・ハークマンス
008	Modeller 01	ロジャー・ハークマンス Roger Hurkmans
028	Modeller 02	クレアンクライ・パオジンダ Kreangkrai Paojinda
050	Modeller 03	山田和紀 Kazunori Yamada
066	Modeller 04	ボルカー・ベンベネック Volker Bembennek
076	Modeller 05	ピーター・W・アッシャー Peter W Usher
084	Modeller 06	ジャン・スアン・リー Giang Xuan Le
090	Modeller 07	バーナード・ルスティッヒ Bernhard Lustig
104	Modeller 01	アイマッド・ボワンティオン Imad Bouantoun
114	Modeller 01	グレッグ・シラー Greg Cihlar
048	Column	ダイオラマビルダーが好むレイアウト集
082	Column	ダイオラマビルダーのこだわりツール
102	Column	ダイオラマビルダーの仕事部屋

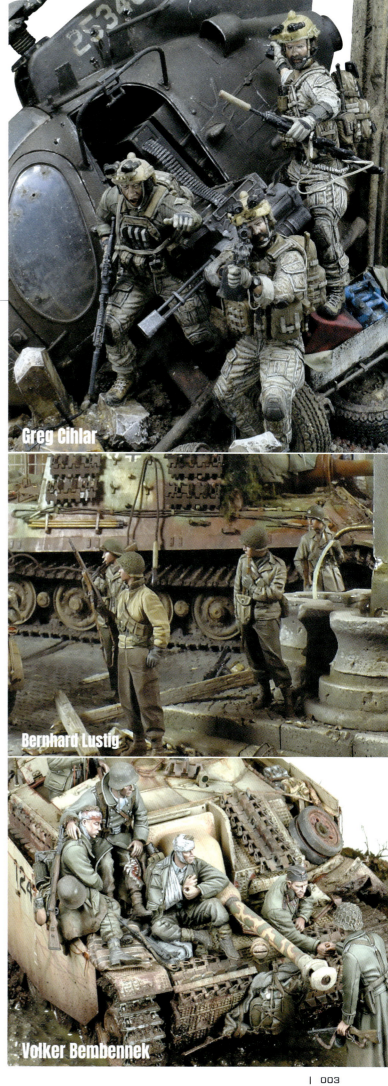

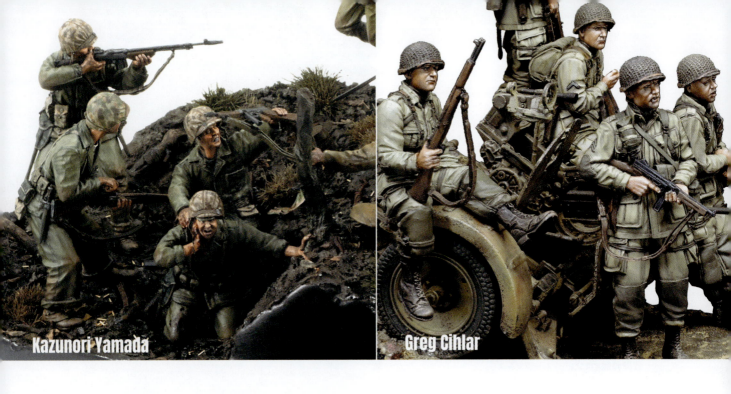

Kazunori Yamada

Greg Cihlar

Preface
まえがき

　模型をはじめるきっかけは人それぞれだが、その後の製作やスキルアップの原動力となるもののひとつに「憧れ」がある。かつて私が有名なシェパード・ペインの著書「How to build DIORAMAS」に出会ったときのように、いつかこんな作品を作りたい！と思わせてくれる対象が不可欠なのだ。模型やダイオラマ製作は作者一人で完結してしまう趣味かもしれないが、実際は周りのモデラーの作品から多大なインスピレーションを受け、学び、それが自身の作品作りに影響を与える。そして「憧れ」が自身の手でかたちになったとき、それは言いようのない至高の模型体験となるはずだ。本書ではダイオラマ作りに定評のある世界で活躍する9人のダイオラマビルダーが作る17作品を掲載。解説を通じて作品の意図や背景を知ってインスピレーションを受け、自身の知識やスキルに繋げることができればあなたの次回作はいままでと異なる出来になるだろう。本書がそんな模型体験の手助けになれば幸いだ。　　（戦車模型誌 月刊アーマーモデリング アドバイザー 吉岡和哉）

Kreangkrai Paojinda

IMPRESSIONS FROM A WORLD-CLASS DIORAMA BUILDER

ROGER HURKMANS
ロジャー・ハークマンス

×

吉岡 和哉
KAZUYA YOSHIOKA

世界的ダイオラマビルダーのインプレッション

本書の解説を務め、自身も国内外を問わず名を轟かすダイオラマビルダーである吉岡和哉さん。
そんな彼が敬愛する作家、ロジャー・ハークマンスさんと特別対談を行なった。
日本と海外の作風、また互いの作品に対する思いやスキルアップの技などを語り合う。

日本のモデラーは海外のダイオラマ作品にすごく憧れがある

吉岡：日本のモデラーは海外のダイオラマ作品にすごく憧れがあると思うんですが、具体的にどこを勉強すれば近づけるでしょう？
ロジャー：ヨーロッパのモデラーに憧れているというのは間違っていて、日本のモデラーとヨーロッパのモデラーのどっちがすごいかと言う話ではなくなっていると思います。『アーマーモデリング』を見る限り日本と海外の差はもう全然ないですよ。

我々は海外作品から何を学ぶべきか

吉岡：海外のモデラーから学びたいことは「色使い」です。ヨーロッパのモデラーは戦場があった場所に住んでいますよね？ そういう意味でも作品に塗られた色味がリアルに見えるんです。その風景を見てそこで育っているから。僕らがヨーロッパの風景を作るとどうしても「ハリウッド映画が描くの日本の風景」みたいになりそうで…。最近は現地の写真が入手しやすくなって、なんとかカバーできますが、そこで暮らすというのはまた違った視点が生み出されると思うんです。
ロジャー：アルデンヌの戦いのダイオラマを作ってるんですけど、現場は車で1時間くらいのところですよ。ハンガリーには行ったことないんだけどね。
吉岡：行ったことなくても再現度は高いですよ。やっぱり地続きなんで通じるものがあるのかな。

▼ハークスマンスさんと吉岡さんのフィギュアの製作記事。アーマーモデリング誌の記事をもとに改造から自作へと作れるようになって行ったという。

ロジャー：ハンガリーの友人にコンタクトして、雰囲気を教えてもらったりとかはしました。友人に「次はこれを作るんだ」と言うとドサッと資料写真が送られてきて……。色々とリサーチしてくれるんです。地面の状態と建物と。

ダイオラマが上達する上で大事なこと

吉岡：そうなると、やはり資料集めはダイオラマが上達する上で大事なことですよね。
ロジャー：その通り、資料集めはダイオラマ製作で大事な過程のひとつです。
吉岡：作ってる途中で新しい資料を見つけちゃったりするじゃないですか。ほとんど完成状態の時に資料が出てきたりとか。そういうときはどうしていますか？
ロジャー：私はリサーチが終わって納得するまで作り始めないんです。いまは腕を無くした司令官のフィギュアを作ろうとしてるんですが、どっちの腕を無くしたか数ヶ月にわたって調べたりしてようやくわかった、なんてこともありました。
吉岡：お友達に聞いたりとかされるんですか？
ロジャー：フェイスブックのグループで、調べたいことに特化したものがあるのでそちらで調べました。吉岡さんもリサーチされるんですか？
吉岡：かなりめちゃくちゃ調べましたね。それきっかけに外国の方ともメールでやり取りしたりとか。『ダイオラマ パーフェクション』で作った建物の看板が、舞台がフランスなのにオランダのものだとハークマンスさんからご指摘を受けたり……。
ロジャー：あれはオランダでしたね（笑）。
吉岡：一応調べたんですけどね（笑）。
ロジャー：看板のほかは完璧です。

ヨーロッパ特有の模型スタイルって？

吉岡：ヨーロッパ特有の模型スタイルっていうのはありますか？
ロジャー：ヨーロッパの中だけでもかなりスタイルが違うので、決まったスタイルというのはなくて。スペインやイタリアなどの天気のいいところは、彩度が高い色を使っている。スカンジナビア半島の方はもっとトーンが落ち着いている感じですね。
吉岡：ハークマンスさんはほかの国の方と比べて自分のスタイルのことをどう思っていますか？
ロジャー：スカンジナビアのほうに近いと思います。日本のモデラーさんは明るく塗るイメージがあります。
吉岡：最近になって明るくなったように思います。
ロジャー：それはなぜですか？
吉岡：ヨーロッパの作品の影響ですね。
ロジャー：OK!（笑）吉岡さんのパンターのダイオラマを見ると、ノルディックスタイルに見えますけどね。
吉岡：それは嬉しいですね。
ロジャー：僕はコントラストは欲しいんですけど、彩度の高い色はあんまり使いたくないです。私の場合だと、非情な現実を伝えるというスタイルなので、場面も暗めにしていると思います。もし天気のいいノルマンディを作るとしても、プライベート・ライアンのように明るい色は使わず、暗めの配色にするのが私のスタイルなので。それを貫いちゃうと思いますね。
吉岡：僕も落ち着いた色が好きなので。ビビット色よりも、ハークマンスさんのような落ち着いていてなおかつ深みのある色合いの方向で突き詰めていけたらいいかなって思いますね。
ロジャー：いいですね！ やっぱりいちばん重要なのはパッと見て誰が作ったかわかるスタイルを確保することです。吉岡さんの作品はすぐに吉岡さんのだってわかりますよね。

互いのフィギュア改造のルーツ

吉岡：私の作品について参考にしていただいているところがあれば……（笑）。
ロジャー：オウ……。全部だよ。
吉岡：めちゃくちゃ嬉しいです。
ロジャー：グランドワークの造形がすばらしいですね。フィギュアのポージングと配置、ディテールもすごくいいです。私がフィギュアの改造をよくするようになったのは、土居雅博さんをはじめとする日本のモデラーたちがアーマーモデリングでフィギュアの改造記事を紹介していたからです。
吉岡：私もです！ フィギュア改造のルーツが『アーマーモデリング』であったことは誇らしいですね。
ロジャー：これから自分の作品をもっとよくしようとするなら、フィギュアがちゃんとストーリーを伝えていて、意味をなしていることが大事ですね。配置や意図を伝えることを学んでいけば自然にフィギュア自体のクオリティも上がるし、ダイオラマの出来も向上するのではないかと思います。

モチベーション維持について

吉岡：モチベーションはいろんな作品を見るということで維持されますけど、SNSが全盛のいまだと簡単にさまざまな作品を見ることができますよね。すごい作品を見た時の「うわぁ、やられた！」というダメージを良い意味と悪い意味で受けたりするんですけど（笑）。モチベーションはどう維持していますか？
ロジャー：模型中毒なのでモチベーションが下がることはないです。
吉岡：うわぁ、僕もおんなじです。
ロジャー：作品を入れているキャビネットがあって、満ぱんになるとすぐに作品を売っちゃうんです。コレクターの人が買いに来ます。キャビネットのスペースが空くとすぐ作りたくなるんで、アドバイスできるようなことはないのが申し訳ない（笑）。

作って欲しいもの

ロジャー：吉岡さんから私に、作って欲しいもののリクエストはありますか？
吉岡：あります。アルデンヌの戦いのダイオラマで米軍のものを……。前にイージーエイトを作られていたじゃないですか。やっぱり僕は米軍が好きなので。バストーニュとか、包囲されたところを作ってみて欲しいなという思いがありますね。
ロジャー：本はたくさん持っているので、また考えてみますね。
吉岡：逆に僕に作ってもらいたいダイオラマはありますか？
ロジャー：じゃあ逆にドイツ軍でアルデンヌを作ってください。バストーニュで考えていたプランはあるんですか？
吉岡：やっぱり孤軍奮闘していたじゃないですか。それがドラマチックだと思うのと、ヘルキャットの戦い方がすごく印象的で、射撃して逃げて射撃して逃げて複数いるように見せかけた、活躍したヘルキャットを作りたいとか考えています。ただアルデンヌは作品が出尽くした感じがあるので、作るなら別のところを作りたいかもしれませんね。
ロジャー：私もアルデンヌの作品は出尽くしているように感じるので、みんなが見落としがちなハンガリーの戦線を作っています。
吉岡：完成しているしていないは別として、模型が好きで好きでしょうがないからモチベーションが下がらないですね。
ロジャー：これからも作り続けてください。私も次のことを考えているので。

模型店事情は？

吉岡：模型の調達はどうされているんですか？模型屋さんが近くにあるんですか。
ロジャー：近くにホビーショップが一軒だけありますけど……。ちょうど今日、コレクターの方が来るんですけど、その方が膨大な量のキットを抱えていて何か欲しいものがあればくれるんです。ディテールアップパーツだけインターネットで買っています。あとはSMCみたいなショーに行ったときにベンダーさんから直接買うことが多いです。吉岡さんの家の周りにはホビーショップはありますか？
吉岡：もうなくなっちゃいましたけど、まだまだ日本では実店舗はありますよ。
ロジャー：新しいキットや模型用のマテリアル、ツールが豊富に揃う日本はダイオラマ作りにとても適した環境だと思いますよ。
吉岡：日本に居るとその感覚を忘れてしまいがちですが、たしかにキットやツールは手に入れやすい環境にあると思いますね。ハークマンスさんの作品は自然素材が多用されていますが、これらの調達はどうされているんですか？
ロジャー：家の周りは自然豊かな森や湖がある地域で、落ち葉や枝なんかは散歩がてらそこで拾ってくるんです。草素材でよく使う、ドライシーグラスと呼ばれる干し草の塊も海岸に落ちているので、そこで入手しています。
吉岡：私もよく使う素材なんですが、これの正体がよくわからなかったんですよね。海岸で拾えるのか〜、知らなかった。身の回りにダイオラマに使える素材が溢れている。これぞ羨ましい環境ですね。

戦車模型のこれから……

ロジャー：日本の若者は模型作るんですか？
吉岡：コロナ禍以降は作る人が増えました。日本では手軽に組み立てるだけで塗装をしないと言う人も多くて。成形色が完成時の色になっていて、それはそれで裾野を広げると言う意味ではいいんですけど。我々としてはもう一歩その先まで来て欲しいなという気持ちがあります。しかし、新しく入った人がやめないように本を作る側としてはあんまりむずかしいことを押し付けない。でもその先にステップアップして欲しいと思いますよね。
ロジャー：子どものころは組み立てやすいタミヤのキットしか作れなかったのでその気持ちはよく

▲ハークマンスさんの自宅の近所にある森の写真。家族と散歩するときにダイオラマに使える自然素材を採集する。見た目は日本の森とあまり違いはなさそうだ。

わかります。いま新参のモデラーにタコムを作れといっても作れない気がします。僕が本を作ったときは、歴史の情報も盛り込んで、歴史が好きな人も買ってくれる本にしました。
吉岡：さまざまな戦線や時代を紹介していかないといけないですね。作り方も、コアなところ、むずかしい工作だったりとか塗装だったりとかばかりだとモデラーが離れてしまうので。簡単なところも紹介しつつ、いろんな楽しみ方を伝えていかないと模型が廃れてしまうと思います。
ロジャー：そうですね。過去にこんな経験がありました。ある展示会で、油絵とかを見て感動する人はいても、真横にダイオラマが置いてあっても無視されちゃって……。模型の歴史的資料の価値を上げたいと思いますね。
吉岡：そのためにも先ほどおっしゃられた、資料集めや考証を大切にしていきたいですね。私からすると、ハークマンスさんの作品は歴史的資料としても一級品だと思いますよ。
ロジャー：ありがとうございます。ダイオラマが持つ可能性を信じ、これからも製作し続けたいですね。

▲とくにハークマンスさんが好きな吉岡さんの作品「A BITTER SPRING AWAKENING」。収録されている書籍「ダイオラマ パーフェクション」は彼の愛読書でもある。

▲ハークマンスさん在住の地域は第二次大戦時の戦場となった地域がごく近所に存在。当時の面影を残す建物や植生が、自身のダイオラマ作りへ大いに参考になっている。

▲お互い、フィギュアを自作するきっかけになったのがアーマーモデリング1999年10月号の土居さんの記事。フィギュア改造技術は作品作りのキーになる革命的な情報だった。

Modeler 01

ROGER HURKMANS

ロジャー・ハークマンス

オランダ、ムーゲステル在住のオランダ人ダイオラマビルダー。おもに大戦中のドイツ軍の情景を製作。歴史的正確さに重点をおいて製作された作品は世界中のモデラーを魅了し続けている。

---

work 1

"Puszta"
s.SS.Abt501 Ungarn März1945

本作のタイトル「プスタ」とは、中央ヨーロッパ西部から東ヨーロッパにかけてに広がる平原のことをいう。そんな土地で、王虎の重量に苦戦する乗員のワンシーンを再現。オーソドックスなレイアウトから"あえて"外されて製作された作品。その構図がもたらす効果とは？

□ Sd.Kfz.182 キングタイガー ヘンシェル砲塔 w/新型履帯 アルデンヌ1944
　ドラゴン　1/35

---

work 2

Zwischen plattensee und Budapest

完成した状態で見ると、違和感どころか計算された構図が目を惹く作品。ところが、ダイオラマのレイアウトに関してはストラクチャー、車両ともに扱いがむずかしいはずのもの。それらを巧みに組み合わせて魅せる、ハークマンスさんのレイアウトの妙を感じ取ってほしい。

□ WW.II ドイツ軍 IV号駆逐戦車 L/70(A)ツヴィッシェンレーズンク
　サイバーホビー　1/35

---

work 3

"Watzmann im Angriff"
Jp.Abt.196　Ebed Ungam 1945

静止しているダイオラマにいかに迫力や動きを加えるか、ということをテーマにすることもある。その場面の前後が想像できると動きを感じ、おのずとストーリーも生まれる。そんな作品が本作だ。ダイオラマに込める迫力、という大前提なはずのテーマの重要さを改めて感じさせてくれる。

□ IV号突撃砲 初期型 w/フルインテリア & 可動式履帯
　ライフィールドモデル　1/35

Panzers in Diorama

"Watzmann im Angriff"
Jp.Abt.196
Ebed Ungam 1945

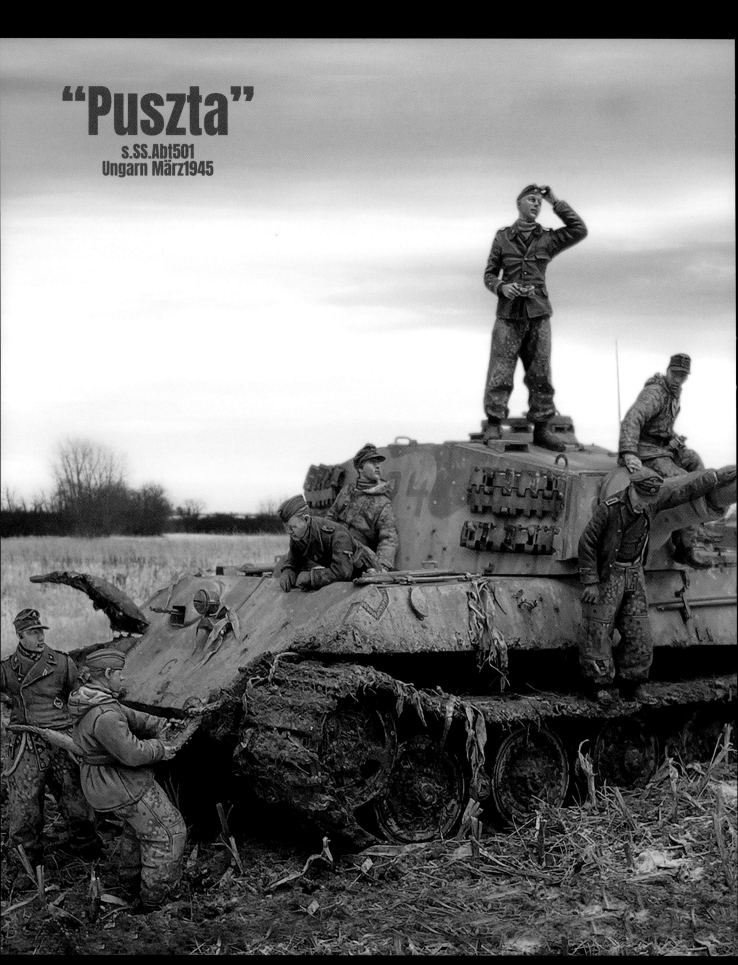

"Puszta"
s.SS.Abt501
Ungarn März1945

Panzers in Diorama

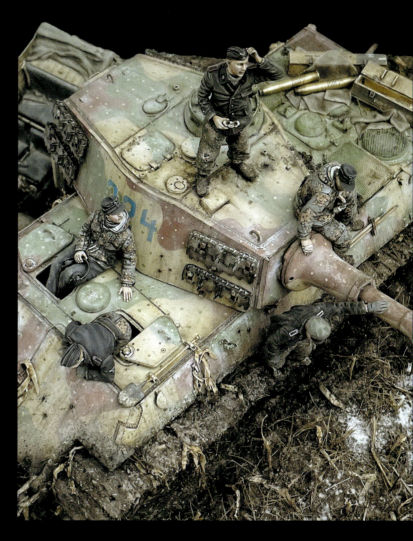

　ハークスマンスさんがよく作る、小さいベースの作品は「自分にも作れそう」と思わせる魅力がある。大型のダイオラマは憧れではあるが、作業量の多さや、完成品を保管できないなど、モチベーションも維持しにくい。しかしこの作品のサイズならダイオラマ初心者でも完成は遠くないだろう。ちいさいが故に表現の幅が狭まることもあるが、本作はベース全体をフルに使ってハンガリーの広大な平原が表現されている。このサイズでも広さを感じる秘密は、「とうもろこし」の存在だ。ベースに目をやると、とうもろこしの切り株が植えられている。その切り株の列が作品の外へと続く景色を想像させるのだ。畑は一見単調で映えない場所に思えるだろう。だがそう思わせないのがハークマンスさんの手腕。戦車をスタックさせることから物語が展開し、70tの重戦車が畑で動けばこうなることも想像に容易い。スタックした戦車はいい的になってしまうことが、牧歌的な風景に緊迫感を醸し出す。トウモロコシ畑のその先に敵の存在を想像させる本作品は、アイデアひとつでベースサイズの制約を無にできることを知らしめてくれるのだ。

| Modeler 01 | ROGER HURKMANS | Work 1 | "Puszta" s.SS.Abt501 Ungarn März 1945 |

Step 1
ベースと
フィギュアの製作

作品の場所、使う車両とフィギュアの配置位置などをラフにまとめ、製作作業に入る。明確なテーマがあるからこそ迷いは出ず、工程は着実でストーリーはより明確になってゆく。

▲インスピレーションを感じた資料をもとにまずはスケッチを描き、設定をまとめる。絵はラフだが、再現するストーリー、地面の状態、必要となりそうな要素の情報を可能な限りメモしておくとよい。

❷❸理想のポージングを再現するために登場するフィギュアは改造されている。牽引フックを持つ者は重い物体を持ち上げる状態を表すために、側面から見て全体がS字となるように膝と腰部分で切り離して調整。ケーブルを持つフィギュアも同じく胸を張ってケーブルの重さを表現した。

❹戦車上の3体はミニアート、アルパインミニチュア製を混ぜて自作したもの。車体との一体感を高めるため、金属線とパテで腕を自作している。

❺❻地面は削りやすい発泡スチロールで基礎を製作。この時点でティーガーⅡが沈み込み、キューベルワーゲンがスタックしているように地面を造形しておく。このあと、壁補修剤とAKインタラクティブの地形テクスチャーで表面を仕上げた。

❼❽フィギュアはSSの隊員であるため、黒服やオークリーフパターンの迷彩服などを再現。いちばん目立つ、❾の車長はUボートジャケットを着用。すべてファレホで迷彩を描き込み、陰影は油絵具で描き込んでいる。完全に乾燥させたあと、ファレホのツヤ消しクリアーをエアブラシで吹き付けツヤの調整をしている。地面に近い位置で活動するフィギュアの足周りには、グランドワークの仕上げで使用したものと同じ素材でウェザリングを施し、地面や車両との一体感を高めている。

Step 2

車両の塗装と
ウェザリング

クッキリとした塗り分け、ドットが入るだけでこの時期のティーガーIIの雰囲気を高めることができる。だが、この迷彩パターンも考証に基づき的確に塗装することで設定に深みを持たせることができる。

❶❷友人のミルコ・バイレルから提供された写真を元に、迷彩パターンを研究。大戦末期、工場で塗装されたティーガーIIの迷彩パターンは統一されていた説がある。

❸❹基本色となるダークイエローを全体に塗装。迷彩塗装はマスキングテープ上で迷彩パターンの下書きを行ない、カットしたものをティーガーの装甲上に貼り付ける。OVMの固定具など凸部の部分に重なってシワにならないよう、うまく切り貼りしながら作業を進める。そこからグリーン、ブラウンと塗り重ねることでボケ足のないクッキリとした塗り分けをした。ウェザリングの効果を考えて各色は明るく調色している。
❺特徴的なこまかいドットは面相筆を使って塗装。塗料はすべてタミヤアクリルを使用した。
❻砲塔に書かれた車体番号にはキット付属のデカールを使用したが、余白の部分がシルバリングしないように文字部分を残し、ていねいにカットしてから貼り付けている。色鮮やかで目立つ分、慎重な作業を心がけた。

❼ウェザリングはうすめた油絵具のバンダイク・ブラウンでフィルターをかけ、同時にピンウォッシュも行なった。
❽その上からヘアスプレーとアクリル系塗料のホワイトを使ったチッピング技法で、溶け落ちた冬季迷彩を表現。泥と土汚れはAKインタラクティブの地形テクスチャー・泥に砂などを混ぜたものを盛りつけ、アモのピグメント、瓦礫とヨーロッパダストで色味を追加した。

| 013

Modeler 01　ROGER HURKMANS　　Work 1　"Puszta" s.SS.Abt501 Ungarn März1945

戦車の四方を切り詰めて見せたいところを引き立てる

吉岡和哉が語る、本作「"Puszta"」のミドコロ

Point 1　高低差で抑揚をつける

本作は広大な耕地のなかに佇むティーガーIIが描かれているが、そのため樹木や建物で高さを出しづらい。そこで使い勝手のいい立ちポーズのフィギュアの存在が肝要で、砲塔に立つだけで充分な高さを稼ぐことができる。また双眼鏡を持たせると、作品の外の広大さをわかりやすく印象づけることもできるのだ。

Point 2　作り込んだグランドワーク

時に余白は主題を引き立てるために必要だ。しかしこの作品のような正方形のベースの場合、中心に車両を配置すると四隅の余白が均等になって絵面が単調になってしまう。本作では余白に変化をつけるため、車両や水たまり、作物の葉などを使ってボリュームに変化をつけ見せ場として有効に利用している。

Point 3　正方形のベース

バランスは整っているが、変化が出しづらい正方形のベースはレイアウトがむずかしい。しかしハークマンスさんの手にかかればこの通り、広い平原を感じさせる舞台が見事に再現されている。短所をも長所に変える、達人ならではの柔軟さは見習いたい。

Panzers in Diorama

▲想像を絶する重量に手を焼く兵士の姿を見ると、ティーガーⅡの運用がいかに大変だったかが伝わってくる。車両のキャラクターを説明するかのようなフィギュアの演出も見事な作品だ。

Point 4　状況を語るフィギュア

フィギュアは目を惹きやすく本作のように7体も配置すると目移りする。しかし324号車の乗員は比較的落ち着いたポーズをとり、救出作業を行う僚車の乗員はポーズに動きがつけられている。動きのあるものに目が向く特性を利用して、主題となる回収作業する2人が引き立つよ

Point 5　スタックした車両

作品の舞台となるプスタで繰り広げられたバラトン湖の戦いでは、ぬかるんだ耕地にスタックして立ち往生する車両が記録写真からも見てとれる。地面に埋まった様をダイオラマに再現すると、模型に重量感やドラマ性を感じさせられる。また車両と地面の一体感も強調できる。

"Puszta"
s.SS.Abt501
Ungarn März1945

Zwischen plattensee und Budapest

本作で注目してほしいのは動物の扱い。動物は惹きが強く主題を食ってしまうため、扱いはシビアで諸刃の剣的存在だ。たとえば戦闘中のダイオラマで物陰のところに猫がいたとする。そうすると猫に視線が流れてしまい物語が散漫になってしまう。物語に関係ない動物は非常に扱いにくい要素であるが、効果的に使えば作品が見やすくなったり、作品をよくすることができる要素と言えるだろう。そして今回の作品は動物を扱った好例で、下手に使うと悪手になるが効果的に見せることができている。女性の後ろにガチョウがいるが、これはのどかな雰囲気を演出する。そして斥候が乗っている馬で戦場を暗示させ、徐々に緊張感を高めて行くのである。動物が向いている方向が矢印になっていて、最終的には戦車の砲身へと繋がってのどかな風景から戦場に移る様子が表現されている。動物の存在が、物語の流れがスムーズにする仕掛けになっていて視線誘導が的確で非常に鑑賞しやすい作品になっている。小物を置いたりフィギュアで語らせるのもよいが、上手く動物を扱えば、ここまで物語を明確にできるのだ。

Modeler 01　ROGER HURKMANS　　Work 2　　Zwischen plattensee und Budapest

Step 1

フィギュアの製作

この作品も、フィギュアを部分的に自作するからこその連携やフィット感が生まれている。製作法は至ってシンプルだが、ダイオラマでのフィギュア演出には絶大な効果を発揮する過程だ。

▲フィギュア改造方法としてはベーシックな方法を用いた。1mmの真ちゅう線で骨組みをつくりポーズの基本を決める。このような連携が大切なポーズでは便利な方法。

▲パテで腕を成形し、そのパテが乾燥後、制服の袖を着せるようにあらためてパテを盛り、シワを腕の角度などにあわせて作り出していく。

Step 2

馬を塗装する

馬は存在感があり、兵士と同じく活き活きとした塗装が求められる。基本的には兵士の塗装過程と同じだが、手を抜くと悪目立ちしてしまう。兵士や車両と同じクォリティでしっかり塗り込むことにより、作品のアイキャッチになる大切な役者。

❶馬は2頭とも頭を切り離し、角度を調整。また首のタテガミはエポキシパテで作り直してある。装備品もこの時点で接着しておくと塗装後の一体感が出せる。
❷タミヤアクリルのフラットブラックで全体を塗装する。
❸基本色はタミヤアクリルのフラットアースをエアブラシ。さらに油絵具のローアンバー、茶系の陰色としてバンダイクブラウンとランプブラックを使用。
❹平筆などでそれぞれの色をボカして全体をならし、そのほかの装備品なども油絵具で塗装した。油絵具は塗装後に2日間以上乾燥させる。その上からファレホのツヤ消しクリアーで全体を塗装して完成。

Step 2

フィギュアの塗装

ほとんどの兵士がスプリンターパターンの迷彩服を着用しているが、車両との統一感を持たせる工夫に注目。寒さを感じさせる頬や鼻の赤みなど、季節感を感じさせる表現も見逃せない。

フィギュアの塗装は最初にエアブラシでタミヤアクリルのNATOブラックで全体を塗装してもっとも暗い陰を塗装。その上からさらにエアブラシで各部分の基本色を暗い色から順番に塗装する。エアブラシを使えばその後の油絵具を使った細部の塗り分けに素早く移行することができる。制服の迷彩は車両の3色迷彩に使用した塗料と同じものを使用して情景全体に統一感を持たせた。最後に馬と同じくファレホのツヤ消しクリアーで全体を保護している。

018

Panzers in Diorama

Step 3
車両の塗装とウェザリング

塗装はこの情景製作に協力してくれた歴史家でモデラーでもあるミルコ・バイレルに提供してもらったイラストを再現している。考証に基づく塗装で、作品が持つ説得力はいっそう高まる。

❶迷彩はすべてタミヤアクリル塗料を使用。最初にダークイエローを塗装する。迷彩柄に切り出した厚紙をブルタックを使って車両に貼ると厚紙が浮いて、当時の3色迷彩らしいボケ足の少ない迷彩の塗り分けができる。

❷基本塗装後はしっかりとクリアー系塗料で全体を保護する。使用するウェザエリングマテリアルはエナメル系が主となるので、迷彩に使用した油絵具が溶け出さぬように厚めにコーティングした。チッピングは搭乗員によって頻繁に使用されるOVMや乗り込みの際に使われる箇所を重点に施す。足周りにはピグメントを使って汚しを行ない、転輪部分はエナメル系塗料のダークイエローでドライブラシを施している。

ヨシオカのココ！チュウモク

迷彩の考証も完璧！1944年の9月から11月初旬にオーストリア国内で製造されたL/70(A)はアンブッシュ迷彩で塗装されていた。11月以降はダークイエローとダークグリーンのスポット塗装がなくなり、最後の生産車両まではダークイエローの面積が少ない通常の3色迷彩となっていた。

Step 4
グランドワーク

耕作地や車両の轍、そして線路やバラスト（砂利）を明確に作り分けることでグランドワークの単調さはなくなり、見応えのある地面になる。

❶グランドワークはおもに線路に敷かれた砂利、車両の轍や泥、そして植生の部分に分けられる。スタイロフォームによる地形再現の段階で、それぞれの地形をある程度決めておくことが重要だ。とくに車両が踏みしめた轍をしっかりと削り込んで凹ませておくことで、柔らかな地面を通過した車両の重みを表現できる。

❷さらに壁補修剤を使って地面のテクスチャーを再現。線路の部分には砂利を敷いてうすめた木工用ボンドでしっかり固定する。

❸泥の地面はAKインタラクティブの地形テクスチャー・泥を塗り、ドライシーグラスで枯れ草の植生を再現。耕作地を感じさせる枯れた茎は自宅の庭から採取した葉を乾燥させたものに、紙創りの葉を接着している。

019

Modeler 01　ROGER HURKMANS　Work 2　Zwischen plattensee und Budapest

吉岡和哉が語る、
本作「Zwischen plattensee und Budapest」のミドコロ

Point 1　鑑賞者の目を惹く赤い貨車

大きな貨車が印象的な本作。鉄道の車両はボリュームがあるためよく目立ち、赤を選ぶことで作品の大きなフックになっている。車体を見ると所々傷んでいて、間延びしないように塗り込まれているのも注目だ。貨車の真ん中にある扉は開け放たれている。これも作品のフックになるポイントで、開いた扉は中を覗き込みたくなるからだ。貨車の中を覗き込ませながら、作品内へ没入させる。そんな工夫が巧妙だ。

Point 2　貨車の扱いの模範例

貨車に限らず鉄道車両は背が高く、下側に車輪があるので腰が浮いて見える。線路の上に貨車があるとバランスが悪く、作品にしたときにアンバランスで浮いて見えるためダイオラマでは扱いにくい題材と言えるのだ。そこで貨車の手前に配置した馬とラングの存在が重要で、互いの共通点は腰高なこと。両者とも貨車に対する高さが絶妙で、重心の高い不安定さを馬とラングを置くことで整えて釣り合いをとっている。

Point 3　右から左へ流れる物語

ハークマンスさんの作品は大抵の場合、右から左へストーリーが流される。ガチョウがいて、ワインを差し入れる村の女性がいる。その前には小銃を抱えた斥候がいて、馬に乗った斥候の前には長砲身の戦車が……。というふうにどんどん緊張感が増す構造になっている。牧歌的な風景から戦場へと流れるような物語。彼は、それをダイオラマのなかに違和感なく盛り込むことができるのだ。

Panzers in Diorama

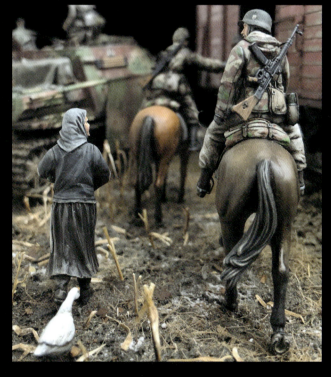

本来、成立させにくいはずの役者を
まとめるテクニックが光るダイオラマ作品

Modeler 01 | ROGER HURKMANS | Work 3 | "Watzmann im Angriff"
Jp.Abt.196
Ebed Ungam 1945

Panzers in Diorama

"Watzmann im Angriff"
Jp.Abt.196　Ebed Ungarn 1945

1945年の2月、ハンガリーのエベドをソ連軍から奪還するために真冬のドナウ川を渡河する第96歩兵師団を描いた本作。見せ場はなんといっても川から上陸するIV号突撃砲の雄姿と言えるだろう。ある一瞬の止め絵を再現するダイオラマでは、動かない模型をあたかも動いているかのように見せられるかが、仕上がりを左右するカギとなる。本作ではその動的表現がすばらしく、いまにも動き出しそうな躍動感はダイオラマの大きな魅力になっている。しかしなぜ動いているように見えるのか？ そのポイントはいくつかある。川底を掻き回して気泡と濁りが漂う水面は言うに及ばず、ここは動的演出の基本のきと言えるポイントだ。まず注目して欲しいのは随伴する歩兵。車両の横をずぶ濡れになりながら歩かせることにより、戦車の動きが前方へと同期する。そして前のめりになったIV号突撃砲の車長と装填手のポージングで車両の動きが示唆される。さらに防盾に座って指示を出す歩兵の腕。前方へとしっかりと方向を示す姿は作品のベクトルを強く前へと方向付けて、鑑賞者の視線を牽引する。このようにフィギュアのポーズにより鑑賞者の脳に戦車の動きを補完させることができるのだ。

| 023

Modeler 01　ROGER HURKMANS　　Work 3　"Watzmann im Angriff"
Jp.Abt.196 Ebed Ungam 1945

Step 1
車両、フィギュアとベースの製作

車両、フィギュア、ベースそれぞれは最初にプランが固まっている。だからこそ、ブレない製作過程を経て着実に完成に近く。車両に追随したポーズや地面の起伏に合った姿勢で製作されるフィギュアにも注目だ。

▲戦況を聞くため身を乗り出す車長。キューポラから乗り出すような姿勢は腕を自作することで再現し、フィット感も出る。

▲車両に搭乗する兵士、とくに車外にいる兵士は下半身の自作も必要。しかし、手や靴はキットを応用すると難易度が下がる。

ヨシオカのココ！チュウモク

揺れ動く車体に体を寄せたり掴ませることで、車両が走行中ということを強調することができる。走行中の状態では守りたいポイント。

❸IV号突撃砲はライフィールドモデルのキットを使用。シュルツェンを中心にエッチングパーツに交換し、履帯はヴィンターケッテンを装備した金属製可動履帯に変更した。
❹渡河中の兵士は警戒しながら歩く市販のフィギュアを改造。水に足をとられる姿勢に転用できる。
❺車両、フィギュアをベースに仮配置しながらそれぞれの首の角度、視線が合っているかを見る。また、グランドワーク部分の調整も行なっておく。フィギュアが地面の地形に合うのか、逆に地面にフィギュアを配置できるスペースが確保できるのか、この時点で綿密に調整しておけば仕上げの時点で要素が破綻することはない。

Step2
フィギュアの仕上げ

この作品のフィギュアは渡河したときの水気や泥が表現されている。過酷な戦場の環境を、フィギュアを通して伝えることができる。車両と同じく、フィギュアのウェザリングも大切なのだ。

❶前線を眺める兵士は上下ともにスプリンターパターンの迷彩服を着用。足周りのウェザリングやダメージ表現に注目。
❷この兵士はIV号突撃砲に搭乗する車長と話している。そのため、表情や目線が合うように仕上げる。
❸渡河中のコート姿の兵士。とくにコートの裾は水気や汚れがつきやすく、重点的に汚している。
❹シープスキン素材の軍服を着たMG42射手は色味の変化をつけることができ、軍服が統一されていない大戦末期の雰囲気を高めている。

Step 3
IV号突撃砲の塗装とウェザリング

IV号突撃砲は一般的な3色迷彩だが、'44年の冬を乗り越えた冬季迷彩の名残りや渡河する川の水気など、ダイオラマシーンに合った仕上げが見どころだ。

❶基本塗装はダークイエローをベースに細吹きのレッドブラウン、ダークグリーンをかけた3色迷彩とした。
❷油絵具でウォッシングやスミ入れを行ない、使用感を演出。ツィンメリットコーティングの部分は油絵具が乗りすぎて濃くなりすぎる傾向にあるので注意。
❸残った冬季迷彩の塗装や足周りのウェザリングを追加
❹装備品や荷物は基本的に装着した状態で塗装、塗り分けをした。そうすることで一体感が生まれやすくなる。

Step 4
グランドワークと水表現

この作品のキーとなる川の表現を含めた、グランドワークの製作過程を見る。使用するマテリアルは特別なものを使っていないものの、確実な作業とセンスでリアルな仕上がりになっている。

▲スタイロフォームや粘土で基礎を作ったあと、AKインタラクティブの地形テクスチャー・泥で全体を覆う。このマテリアルは「プスタの土」の再現にピッタリだ。

▲ドライシーグラスや実物の落ち葉を砕いたものを配置。春の目覚め作戦時の寒さを感じさせる植生を意識する。未塗装でも素材のリアルな色味が活かされる。

▲車両やフィギュアを配置し、バランスや色味を確認。地面と同じ素材を使って足周りのフィッティング作業もしっかりと行ない、地面との一体感を高める。

▲2液性の透明エポキシ樹脂を数滴のタミヤアクリルのカーキドラブで着色。水位に気をつけながら、気泡が入らないようにゆっくり流し込む。

▲透明エポキシ樹脂が完全乾燥したあと、水性のジェルメディウムを使い波を表現。車両やフィギュアが立てた波の違いに注目。完全乾燥後は透明になる。

| Modeler 01 | ROGER HURKMANS | Work 3 | "Watzmann im Angriff"
Jp.Abt.196
Ebed Ungam 1945 |

渡河シーンに込められた
ドラマチックな演出で
戦車の見映えを高めよう

Panzers in Diorama

吉岡和哉が語る、
本作「"Watzmann im Angriff"」のミドコロ

Point 1 ドラマ性が増す渡河シーン

いままで戦車模型のダイオラマにはさまざまなシーンが再現されているが、戦車が水から揚がってくる揚陸や渡河シーンはダイオラマ映えするシチュエーションと言っても過言はない。渡河から攻撃体制をとるシームレスな流れは緊張感が途切れず続き、シーンが変化する様はドラマ性が高く、なお且つ車両も引き立たせることができるのだ。

Point 2 車両を配置する場所にも注目

渡河シーンを再現するとき、戦車を川の何処に置くかで見え方が変わってくる。川の只中、川岸、岸を登りきったところなどいくつかの候補はあるが、いちばん見映えがいいのが本作のような川岸をいままさに乗り越える場面だろう。大抵の川岸は地形が傾斜して、そこに戦車を配置すると車体前部や砲身が上がって力強さを強調できる。

Point 3 複雑な表情がついた地面

渡河シーンは前述したように戦車の魅力を高めてくれるシチュエーションだが、戦車の足元も目が離せないポイントだ。川底をかき乱しながら濡れた戦車が岸を揚がると、水は濁って水面は波立ち、川岸は車両が引きずった水によりぬかるみになる。それらが足周りを汚して複雑な表情を生み出すのだ。グランドワークとウェザリングの集大成的見せ場は作品のなかでも人目を惹くポイントだ。

Modeler 02 | KREANGKRAI PAOJINDA

KREANGKRAI PAOJINDA

クレアンクライ・パオジンダ

タイ在住。SNSを通じ急速に注目を浴びた新世代タイ人モデラー。製作ペースが速くて更新頻度も高く、SNS映えする作風は世界中のモデラーの心を摑んで離さない。

---

work 1

Brig.243 in Stalingrad 1942

瓦礫を活用した傾斜のあるベースに突撃砲を配置することにより、力強く見える構図を演出。歩兵のフィギュアを瓦礫の上に配置させることで足元の不安定さも表現。史上最大級の市街地戦、スターリングラード攻防戦の激戦っぷりをダイオラマで表現する。

□ WW.II ドイツ軍III号突撃砲 F/8型 初期型
　サイバーホビー 1/35

work 2

Eastern Front
Operation Spring Awakening

冬をテーマに製作された作品。雪を使わずにいかに寒さを表現できるかがキーポイントとなっている。鮮やかな車体色に塗装された車両と、暗く沈んだ色を使った地面とのコントラストも見どころ。パオジンダさんの演出力が光る、そんな作品に仕上がっている。

□ WW.II ドイツ軍 IV号駆逐戦車 L/70（V）"ラング"
　w/ツィメリットコーティング 1944　サイバーホビー 1/35

work 3

Gulf War
Operation Desert Storm 1991

パオジンダさんの作品、最後を飾るのはT-55のクラッシュモデルだ。前傾させた車体や横向きに立たせた砲塔、傾斜のあるベース、そしてサビ……。すべての要素が「見映えの良さ」に繋がるように構成されている。壊れていても見映えがする、そんな作例をお届けする。

□ T-55 MOD.1963 フルインテリア　ミニアート 1/35

Panzers in Diorama

029

Panzers in Diorama

Brig.243 in Stalingrad 1942

スターリングラードの戦場を描いた本作。史上最大の市街地戦を狭いベースにどこまで詰め込むかが、作品の肝になっている。スターリングラードの建物は大多数が赤いレンガで作られており、瓦礫も赤レンガで埋め尽くされたものとなっている。その瓦礫で戦車を引き立てているのがパオさんの演出のうまいところだ。主役のⅢ号突撃砲は地味な車両ではあるが、瓦礫を乗り越えさせることで車体前面を持ち上げさせ、力強いシルエットにすることに成功している。また色使いも鮮やかで、明度や彩度の高い車両の塗装や鮮やかなレンガによる瓦礫で、作品に目が向かうような色設計がなされている。鮮やかではあるが、いわゆるユーロ塗りのようなパキパキとした色合いというよりも、中間色が使われており、我々日本人が見ても馴染みやすい色彩だ。またパオさんは製作スピードが速いことで知られるが製作が雑というわけでは決してなく、車両、ベース、フィギュアのすべてが高いレベルでまとまっている。このダイオラマもたくさんの要素が詰め込まれた作品で、車両、フィギュア、ストラクチャーの各要素が高次元でまとめられ、ひとつの作品として昇華しているのだ。

Modeler 02　KREANGKRAI PAOJINDA　Work 1　Brig.243 in Stalingrad 1942

Step 1
建物、地面の製作

建物、地面を製作していくと同時に、なにをどう置くかを決定していく。全体を見ながら各要素をバランスよく配置していく作業だ。車両やフィギュアだけでなく瓦礫の配置もどうしていくか決めていく。

▲各要素を仮配置してみてバランスを確認する。歩兵を援護するために突撃砲が随伴するシーンが今作のコンセプトだ。

▲AKインタラクティブ製のスタイロフォームを使って崩れた建物を作り出した。尖った工具類でレンガのテクスチャーを彫り、ダメージも再現。

▲ベースの土台や大きな瓦礫は石膏で作る。フィギュアを配置しながら全体のバランスを見つつ作業する。

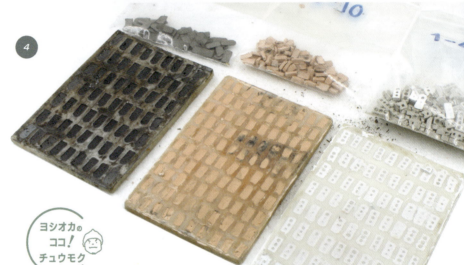

ヨシオカのココ！チュウモク

▲瓦礫類はJ's work製のシリコン型を使って製作。石膏に作り出したい瓦礫の色のアクリル系塗料を混ぜて流し込み、硬化させた後にシリコン型から取り出す。

▼全体のバランスを見ながら配置を決めている最中の写真。車両やフィギュアだけでなく瓦礫も含めて配置を考える。

▲ベースの基礎はAKインタラクティブ製の地形テクスチャーを数種類重ねて製作。ダークアース（AK8018）と乾いた土（AK8015）、コンクリート（AK8014）を使用。

▲車両とフィギュアの配置箇所を確認しながらバランスよく瓦礫類を配置していく。周囲の建物が崩壊した状態なので、建物と瓦礫の色味を考えながら置いていく。

Panzers in Diorama

Step 2
建物、地面の塗装と仕上げ

建物と地面を塗装する。今回の作品の見どころでもあるので、一辺倒にならないような仕上げを心がけて塗装していく。背景、大道具でありアイキャッチにもなる建物。塗装工程、ウェザリングは必見だ。

▲エアブラシで瓦礫に色をつけていく。建物から生まれた瓦礫なので、建物と同じような色味になるように注意しながら進めていく。

▲様々な色味を加えながら瓦礫のウェザリングをしていく。全体の色合いが馴染むようにしつつ、見どころを作ることも忘れない。

▲建物の塗装をする。泥や苔のエフェクトを加えてウェザリングもする。ポスターを貼ったりすることで、鮮やかな部分も作り出し作品のアイキャッチに。

▲ベース上にストラクチャーを増やし情景に見所を増やす。道標はプラ板で自作し、RTダイオラマ製の標識を貼り付けて製作。

▲建物の基本塗装にはアクリル系塗料を使用。レンガ同士の隙間にグレー系の塗料を流し込むようして使い、モルタル材部分を再現した。

▲フィギュアを配置して最終的な調整を行なう。車両は可動式にした足周りを利用して、転輪と履帯をしっかりと地面の形状に対応させて固定する。

| 033

Step 3
車両の製作

本作の主役であるⅢ号突撃砲を製作する。過酷な市街地戦で酷使された様子を見事に再現。何層にも重ねられた塗装で使用感を演出している。ストラクチャーに目が行きがちだが、車両も抜かりない。

▲Mr.オキサイドレッド サーフェイサー1000で下地を塗装。チッピング用に明度の異なるレッドとスチール色を各部に塗装した。

▲2色迷彩はミッションモデルズペイントのサンドグラウRAL702とゲルブブラウンRAL8020を調色して使用している。

▲チッピングは塗膜を剥がして再現する。アルコールで塗膜を湿らせてから、爪楊枝などで引っ掻いて塗膜を剥がした。

▲泥汚れのテクスチャーをピグメントを使って作り出す。定着にはAKインタラクティブ製のピグメントフィクサーを使用した。

▲転輪を取り付けてから湿り気のある泥汚れを再現する。エナメル系塗料にピグメントを混ぜて、筆を使ってスパッタリングする。

▲空薬莢やジェリカン、レンガなどの瓦礫をデッキとフェンダー上に配置。瓦礫や小石はAKインタラクティブの情景ベース定着液（AK118）を使って車体に固定する。

ヨシオカのココ！チュウモク

▼主役となるⅢ号突撃砲は、激しい市街地線で使用された様子を再現している。履帯はシルバーでのドライブラシを強めにし、ギラっとした質感を強調している。

◀フィギュアの基本塗装は、下地色から制服の色、シェード、ハイライト、肌色まですべてエアブラシで塗装。短時間で済ませられるのでフィギュアの数が多い場合には最適な方法だ。

▲基本色の上からアブタイルンク502の油絵具を使って泥と埃汚れを施し、油絵具が乾燥したらAKインタラクティブのグラファイトペンシルtool（AK4177）を使って履帯の磨かれた金属部分を再現。

Panzers in Diorama

吉岡和哉が語る、本作「Brig.243 in Stalingrad 1942」のミドコロ

激戦のスターリングラードを大量の瓦礫で演出する

Point 1 頼もしく見えるIII号突撃砲

急な斜面に車両を配置することで、砲身がグッと上がり戦車の力強さが表現されている。足周りを瓦礫にしっかり配置することで戦車の重量感を演出することもできるのだ。キャラクターとしては脇役的ポジションのIII号突撃砲。今回のダイオラマでは主役だが、随伴する歩兵（本来はこんなに近くで戦闘することは少ないだろうが）を近く配置することで、車両に対する頼もしさを想像させている。

Point 2 足元を不安定にさせる瓦礫

レンガだらけの瓦礫が堆く積もったグランドワークで、激戦の状況が表現された本作。地面を傾斜させることで大量の瓦礫が埋まっていることを鑑賞者に想像させている。足場として不安定な瓦礫は、戦闘時に兵士たちが抱くの不安感を表すのにも効果的だ。荒れ果てた起伏だらけの地面を作ることで、見る者を不安にさせる効果がある。また敷き詰められた瓦礫は単純に作品の密度感を高めて情報量のアップに貢献する。

Point 3 地面に表情をつける塹壕

塹壕もスターリングラード戦らしさを表す要素である。塹壕は立射用なら130cmほどの深さがある。地面に抑揚をつけることができ、塹壕に瓦礫が埋まり地面の様子が複雑になる。不安定な場所に立つフィギュアの心情描写にも役に立ち、スターリングラードの激戦の様子をベースの側面でも物語る。足元の不安定さをイヤミなく、ちょっとした演出で盛り上げることができているのはパオさんのセンスだ。

Eastern Front
Operation Spring Awakening

　本作は寒さが表現された作品だ。アルデンヌ攻勢で雪が降る前の様子が再現されている。設定の12月ともなると気温も下がっている。その寒さを表現するために何をすればよいのかが作品のテーマになっている。安直に雪を降らせば寒い作品にはなるが、雪は地面を隠してしまったり、戦車に積もらせると過剰な要素になってしまう。結果として雪がない方が作品としてすっきり見えたり……と使うには痛し痒しの要素だといえる。一方、冬のグランドワークは枯れ草で覆われて地味な見た目になりやすい。だがパオジンダさんは巧みな色使いで地味な雰囲気を払拭させている。彩度が高い3色迷彩を塗装して、落ち着いた色の中にも明るい車両を配置。雪が降っていないこともあり、リバーシブルの防寒着を着用しているフィギュアがそれぞれスプリッター迷彩、オークリーフパターンの迷彩の側を表にしている。こういった雑多な迷彩はフィギュア、作品全体、双方に彩りを与えてくれる。フィギュアの迷彩は作品の情報量を増やすことができるのだ。地面に目を向けると、冬の枯れ草で落ち着いた色合いかと思いきや枯れ草にも鮮やかさがあり、色味に工夫が見受けられる。落ち葉も黄色から明度の高いオレンジの葉を散らすことで地面の華やかさで見映えが増す。湿り気がある寒い地面は明度が落ちるため、車両やフィギュア、草や落ち葉といった鮮やかな要素が引き立って、寒さを感じさせながらも見せたいものへと視線が向くように演出されている。

Panzers in Diorama

Modeler 02　KREANGKRAI PAOJINDA　Work 2　Eastern Front
Operation Spring Awakening

Step 1
車両の製作と基本塗装

数あるドラゴンのスマートキットの中でも名作中の名作と言われている。さらにツィンメリットコーティング済みだ。赤色のプライマーを塗装し、それを活かしながら、チッピング作業をしていく。

▲デザインナイフで鋼板の切断面の傷をつけた後、タミヤ製流し込みタイプ接着剤を使用し、テクスチャーの毛羽立ちをならして整える。

▲情景のストーリーを確認するためにすべて要素を土台に配置。フィギュアはドラゴン製。アルパインミニチュア製とバーリンデン製のパーツとヘッドで改造した。

▲ベースにミッションモデルペイントのデュンケルゲルプRAL7028をエアブラシ塗装。迷彩色は同社のロートブラウンRAL8012とレシダグリュンRAL6011を使用した。

▲基本色の迷彩が乾いたら、模型にスクラッチやチッピングのエフェクトをかけて行く。爪楊枝でちいさな傷もつけていく。赤い酸化物プライマーの層が見えてくる。

▲アモのアクリル系塗料を含ませたスポンジを使って、サビのトーンを変えチッピングを追加。トーンの違いによりサビの深みが増す。

▲さまざまなエナメル系塗料でウェザリングを進める。アーストーンのフィルターをかけ、ダークブラウンはピンウォッシュに使用した。

◀ドラゴン製のフィギュアパーツを中心にセミスクラッチビルドしたフィギュア達。真ん中の戦車兵はレジン製胴体とアルパインミニチュア製ヘッドを使用。フィギュアの塗装はファレホのアクリル系塗料で行なった。塗料の乾燥を遅らせ、調合も簡単にするウェットパレットを使う。作者はフィギュアを保持するためにワインボトルのコルクを好んで使っている。

Panzers in Diorama

Step 2

ウェザリング

作品の季節は「冬」だ。車両のウェザリングも冬らしく仕上げたい。雪を使用せずとも冬らしく見せる、巻き込まれた草や湿った泥をここでは再現していく。

▲転輪と車体下部に軽い泥と乾いた泥を加えた。アモのエナメルスプラッシュのドライステップでテクスチャーを作り出す。

▲ファレホのシックマッドと乾いた草と葉の一部を混ぜ、爪楊枝で配置。アモのロシアンアースピグメントをシックマッドに混ぜて異なるトーンの泥も作り出した。

▲すべての転輪を組み立て接着した。車体上部のエンジンデッキに湿った個所やエンジンオイル汚れを追加。アモのウェットエフェクトとダークウォッシュを使用。

▼資料写真を参考にしながら塗装されたウェザリング。巻き込んだ草や湿った泥が、雪がなくても冬らしさを表現してくれる。搭乗する兵士の服装も相まっていかにも寒そうだ。

ヨシオカのココ！チュウモク

履帯にくい込んだ枯れ草は冬の痕跡として効果的。資料写真を参考にしながら、どのように履帯に草が食い込んでいるかを観察して再現しよう！

| 039

Step 3

地面の製作

冬のぬかるんだ地面を再現するために必要なのは車両とのフィット感だ。車両によって滲み出てきた水分をどう再現するかがキモとなる。配置された人工物にも注目したい。

▲スチレンボードの上に壁補修材を塗り質感を出す。木工用ボンドに石膏を混ぜたようなものなので、非常に使いやすい。さらにアモの泥塗料を複数色使い表面を作る。

▲泥のなかで淀んだ水を、濃いグリーン色のアクリル系塗料を混ぜた2液エポキシ接着剤を使って再現。慎重に泥に加え、塗り込んでいく。

▲車両重量の影響によって、厚い泥のテクスチャーについた履帯跡。最後のタッチとして濡れた表現を施すとリアルに見える。

▲ミルク缶はアモのマットアルミニウム、チッピングエフェクトを重ね塗り。マットホワイトを塗装してから、水を含ませた筆でチッピング表現を施す。

▲ミルク缶とケーブルスプールはミニアート製。アクリル系塗料で基本色とチッピングを施した。エナメル系ウェザリング塗料で風化した木を表現。

▲乾燥した天然の根と小さな枝で製作した樹木。3M製のスプレー接着剤で大雑把に葉を固定。アモのスロードライ・シアノアクリレート接着剤でバランスを見ながら葉を一枚ずつ貼り、各部のボリュームを調整した。

▶完成した小物やストラクチャーを瞬間接着剤で固定し周りに草素材を散らしてベースと馴染ませる。

Panzers in Diorama

吉岡和哉が語る、本作「Eastern Front」のミドコロ

泥と車体色のコントラストで
鑑賞者を惹きつける秀作

Point 1 背の高いストラクチャーで高低差を

ラングは車高の低い駆逐戦車。砲塔のある戦車と比べると縦方向のボリュームが薄く作品の印象が弱まりやすい。そこで、地面に高低差のある背の高いストラクチャーを配置して、作品の上方の密度感を高めている。電柱は製作も簡単で、なおかつどこにおいても違和感の少ない要素である。樹木は作りこそむずかしいが、ダイオラマの印象を高めてくれる要素として効果が高い。

Point 2 ベクトルを変えることで複雑な構図を

本作品のフィギュアの視線は車両の進行方向とは違う方向を向いている。ベースと車両、フィギュアの目線（指先）、看板などを違う向きにすることで、各要素が複雑に交差する。この配置により構図に密度感をもたせることに成功している。主要な要素を同じベクトルに向けて統一感や主題を強調することもあるが、バラすことで作品が豊かな構図になり、ある一瞬を切り取った自然な印象を感じさせられる。

Point 3 前傾姿勢で見やすい構図に

真っ平らではない地面に注目してほしい。本作の地面は車両の左前端が一番低くなっているのだが、このため車体が傾いて満遍なく戦車が見える構図になっている。主役のラングはフロントヘビーな車両だ。車体を前傾させると、その感じが強調されると同時に獲物を狩る猛獣にも見える。配置の仕方次第で、車両のキャラクターがどのようなものかを表現することができるのだ。

Point 4 車体色と泥のコントラスト

明るく鮮やかな迷彩も本作品の特徴だ。足周りとグランドワークを彩度と明度の低い泥でしっかりと汚すことで、車両と地面のコントラストを生み出している。このコントラストにより戦車の存在感が高まり、見る者の視線が戦車とフィギュアに集まるようになっている。同じラングがならんでいたとしても、こちらの作品に目がいってしまうだろう。

041

Gulf War
T-55 Iraq destroyed in Operation Desert Storm 1991

破壊れた車両というのはバラバラになってゆき、戦車のかっこよさが失われていくのが常だ。だがパオジンダさんの作品はかっよく見映えがいい。どこに秘密があるのだろうか。まずひとつめはサビ。サビの魔力というのには人類は抗いがたい。パオジンダさんの作品は見事なサビ表現で見る者を惹きつける。そしてふたつめは傾斜させた地面だ。前につんのめった車両はそれだけでやられた感じがする。III号突撃砲が車体前方が持ち上がって勇ましかったのとは逆で、このT-55は前のめりになっており、やられた雰囲気が醸し出されている。さらに3つめの要素はパネルが外れたり砲塔がひっくり返っている状態にすることで、通常の状態より密度を出せるということだ。蓋をしてしまうと見えなくなってしまうところも、パネルが外れたりしていると中身が見えて密度感が出て、ミニチュアとしての見映えが増して行く。砲塔が薄く平なロシア製車両。本作はこれを立たせることで作品に縦方向のボリュームも稼いでいる。こうやって戦車の見映えを上げている。クラッシュした戦車でもカッコよく見えるのは、そういったパオジンダさんの演出があるからこそで、彼ならではの演出力があるからだ。さまざまなマテリアルやテクニックを使って壊れた戦車でもカッコよく見せてしまう技が盛り込まれた本作。塗装工程が非常に多く、工作も大事だが、塗装も大事だということを伝えている。

Panzers in Diorama

Step 1

車両の製作

破壊された車両を再現するために工作を進めていく。2010年代に数多く発売されたフルインテリアキットの特性を生かせるシチュエーションだ。闇雲に壊すだけでなく理にかなった壊しかたをしよう。

▲燃料タンクやフェンダーは、パーツの裏側をリューターで薄く削り込む。

▲射撃によるダメージを再現するために、ヒートペンやナイフで穴を開口する。パーツを薄くしていたのはこのためだ。

▲HEAT弾の弾痕は資料を見ながらダメージの範囲に鉛筆でアタリを描き込む。

▲2mm径のドリルで弾孔を開けてから穴の周りをヒートペンと流し込み接着剤で滑らかにする。最後に放射状に広がった被弾跡をヒートペンで描き込んでいく。

ヨシオカのココ!チュウモク

パオジンダさんの作品で再現されている弾痕はHEAT弾の特徴がよく捉えてある。このHEAT弾とは高熱で液体化させた金属を高速で噴射し、装甲を貫く科学エネルギーを使用した砲弾だ。

Panzers in Diorama

Step 2
塗装による ダメージ表現

破壊されて遺棄された、いわゆる「死んでいる車両」を再現するための塗装だ。本作では車体色は、サビ色を主体にしながらスパッタリングやチッピングなどを駆使して仕上げられた。

▲最初に塗装するのはGSIクレオスのMr.マホガニーサーフェイサー。その上からブラウンやデザートイエローを吹き付けてサビ表現に陰やハイライトを加えていく。

▲明るいブラウンを調色して、エアブラシと筆を使ってスパッタリング。自然なサビの表現には欠かせない工程で基本色の下からサビが見える際のアクセントになる。

▲砲塔の外部と内部にも車体と同じ塗装工程を施した。ポイントはサビの色味をできるだけ増やして塗料を重ねていくこと。配合率を変えて色数を増やして塗装する。

▶AKインタラクティブのチッピング液をサビ塗装の上から塗布し、基本色を塗装。イラク軍のサンドイエローはAK725とAK122を1:1で混色したもの。

▲基本色の下に塗装されたチッピング液を水で湿らせた筆を使ってふやかし、基本色を剥がしていく。筆のサイズを変えて、チッピングの大きさなどを調整する。

▲範囲の広いチッピングはタミヤのアクリル系うすめ液(X-20A)を使って基本色を剥がす。うすめ液を含ませたスポンジで塗膜を引っ掻くようにしてサビ色を露出させる。

▲さらに塩マスキングでチッピングを重ね、車体と砲塔に焼けた部分を集中。粗塩を振りかけてマスキングし、上から黒を吹き付けて塩を剥がす。

▲車内に焼けたエフェクトを重ねる。サビ色と焼けたスス色が車内に広がって表情が深まる。車内は色数が増え、情報量の多さが作品の見せ場を作る。

▲デカールは貼り付けた後に半ツヤクリアーで保護。ほぐしたスポンジを被せ、上から基本色を吹き付けると塗装面に退色したランダムな表情が現れる。

▲エンジンデッキ周辺はアモのヘビーマットシリーズ、A.MIG1700ドライラストソイルを使用。ライトラストと混ぜるとちょうどいい黄色味の強いブラウンとなる。

| Modeler 02 | KREANGKRAI PAOJINDA | Work 3 | Gulf War — T-55 Iraq destroyed in Operation Desert Storm 1991 |

▶ワイヤーにはモデルカステンのソフトステンレスワイヤーを使用。折り曲げた状態で保持できるためダメージモデリングに最適なものとなっている。

▲破壊されずともオイルに塗れる部分であるエンジン部分。燃料のシミや粘度の濃いグリスなど濃度の強弱をつけつつ激し目にオイル汚れをつけると実感が増す。オイル汚れ用のエナメル系ウェザリング塗料や、濃い部分には油絵具を使うと効果的。

▲作品は破壊された直後の戦車。破壊後それほど時間が経ってないことを表現するためにも、戦車の血である油汚れは必須だ。

▲転輪のハブキャップこそ格好の汚しポイントだ。もうやられて動かない戦車は一方向に重点的に油を流すと、その場に留まっている雰囲気が出る。

▲雑具箱にはエポキシ系パテで自作したシートカバーをはみ出させた。黒く塗装してからホコリ色のピグメントで汚れのテクスチャーをつけて馴染ませる。

Step 3
フィギュアとベースの仕上げ

撃破された車両の単品作品というわけにはいかないためベースは必須だ。直置きしただけでは一体感が出ないため、散らばったパーツや油染みなどの辻褄を合わせることが大切だ。時代設定を感じさせるフィギュアの存在もポイントだ。

▶ベースに植物類を追加して砂場だけとならいようにする。金属の破片の横に配置するとテクスチャーが対照的となる。草素材はAKインタラクティブの12mmステッピータフツ粘着を使用。

▶使用したフィギュアはバーリンデン製のUSタンククルー。塗装は湾岸戦争時に米陸軍の標準となるチョコチップ迷彩を再現した。

Panzers in Diorama

吉岡和哉が語る、本作「Gulf War」のミドコロ

サビと立てた砲塔が織りなす演出力の高さ

Point 1　サビの存在感、魔力

まずはサビの存在だ。イラク軍のT-55はサンドカラーで塗られている。砂漠の上にサンドカラーの車両は、地面に馴染んでしまって印象を弱めやすい。撃破された車両は壊れて燃えて、煤けて錆びる。弱いサンドカラーに様々な色を盛り込むことができるクラッシュモデル。中でもサビのオレンジは主張が強い。生きている車両に使いすぎると途端に嘘くさくなるが、クラッシュモデルでは多少大袈裟に使っても構わない。サビは目を惹きドラマ性を高める効果的な要素といえる。

Point 2　傾斜した地面

クウェートを解放した多国籍軍はそのまま越境して進撃する。それらを迎え撃つイラク軍の戦車は、壕や低地に身を隠して射撃をする。そんな地形で撃破された車両も多く、車体や砲身が前傾した様は死んだ車両として見せやすい。実際の状況とやられた感じを出すための演出とのバランスがとても良い本作品。戦車がやられた風に見せるために無理に配置されているのではなく、状況を踏まえたレイアウトにパオジンダさんの演出力の高さが光る。

Point 3　密度感のあるディテール

撃破された車両は形がバラバラになりカッコが良いものではない。だが、普通に作るより密度を上げることができるのだ。密度は模型の魅力。小さいところにミチミチとディテールがあって、それを愛でるのが模型の楽しさであり、ミニチュアの醍醐味である。開いた蓋や飛び去った天板から除くディテールの数々は、壊れた戦車の魅力を引き出せるポイントで、本作はそれらが巧に演出されている。

Point 4　立っている砲塔

砲塔を立てることで戦車の高さが出せるのと、戦いに敗れた戦車の中が見え密度感が増す。砲塔が吹き飛んでいると要素がばらけた感じになってしまうが、砲塔を立てることにより戦車の形は残りつつ、ばらけた感じにならず、要素がまとまっている。まさに戦車の墓標のようである。

| 047

Five recommended layouts from diorama builders

ダイオラマビルダーが
おすすめするレイアウト5選

1 要素が見やすくまとまりがいい、ひな壇配置

フィギュアと車両の絡みで意識するとより上級者に見えるのがこのひな壇配置だ。ただフィギュアを置くだけでなく、高低差を意識して配置することでストーリーに深みが出る。

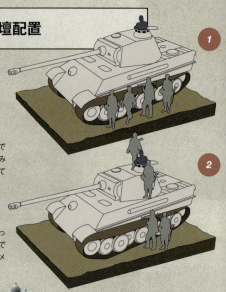

ベースに均等にフィギュアを配置

❶よくある市販の車両、フィギュアを配した例。オーソドックスなレイアウトで展示会やコンテストでもよく見られる例だが、これでは車両とフィギュアの絡みが薄く、統一感がない。地面に均等に置かれたフイギュアは車両の添え物としての効果しかなく、車両とフィギュアを完全に二分してしまっている。

高さに差を持たせてフィギュアを配置

❷同じ要素でも、フィギュアを車両に配置するだけで作品の統一感はまるで違って見える。また、車両の高低差を利用してフィギュアの頂点に差をつけることでフィギュアの視線的な"被り"を防ぐことができ、表情が見やすくなることでメッセージも伝わりやすくなる。

2 ふたつの壁で挟んで主題を引き立てるサンドイッチ構図

ベースの左右、または上下に何かしらの要素（壁）を配置して主題を挟み込む、文字通りサンドイッチする構図。主題を挟む壁により、見せたいところに意識を集中させて作品に没入させることができる。右の作品のような強い主題の惹きをさらに高めたいときなどにも効果を発揮する。

3 絵面のまとまりと演出を効かしやすい三角構図

ダイオラマの要素が三角形になるように配置した三角構図は、辺の長さや三角の向きにより安定感や不安定感を想起させることができる。また角の向きにより方向性も感じさせられるので、何かと使い勝手のよい構図といえる。

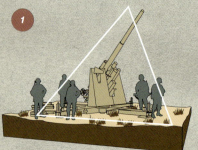

安定感のある三角形で作った構図

❶のような砲身の先を頂点とした広い底辺の構図は、落ち着いた雰囲気を演出し、放棄された状態を強める。

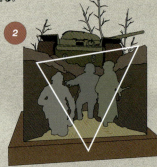

不安定な逆三角形で作った構図

また❷のような逆三角形にすると、見た目の不安定さと作品の状況がリンクして兵士の心情を示唆することができる。

絵画や写真と同じように、ダイオラマにも構図としての美しさを取り入れることで作品の印象や見映えが格段によくなる。一見するだけでは把握しにくい、傑作ダイオラマに込められた構図の美しさに視点を移して見てみよう。

4 対比したり物語の変わり目を演出できる二分割構図

ベースを縦または横に分割した構図を二分割構図と呼ぶ。「水面と陸地」や「舗装面と草地」のように、質が違う部分でベースを分けるダイナミックな構図のスタイルだ。

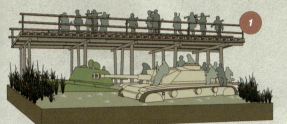

▶二分割構図を実際に取り入れているのが山田さんの作品だ。右を日本兵、左をアメリカ兵と分断することでわかりやすくかつダイナミックな構図に仕上がっている。

上下を二分割する構図

二分割構図は上下で区切るパターンで、たとえば図❶のように川面と橋上で分けるパターンがある。車両に乗車して渡河する兵士と、歩いて橋を渡る兵士を絡めて、大部隊の侵攻を演出した。

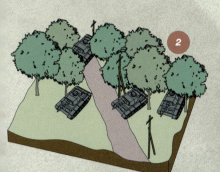

平面を二分割する構図

❷一般的な分割として行ないやすいのが、平面を分ける見せ方。イラストは森林地帯から草原へと抜け出た機甲部隊を再現したもので、奥と手前の粗密による対比と、遮蔽物のない開けた土地へ出た緊張感を演出できる。

5 平原の広がりをも表現できる切り詰めた正方形のベース

正方形のベースは一見扱いがむずかしいようにも思えるが、ポイントを抑えれば心強い味方になってくれる。狭苦しく見えるような切り詰めたベースでも、ヨーロッパの平原を表現することができるのだ。

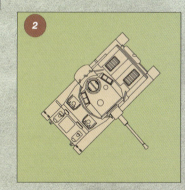

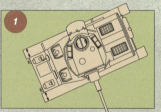

黄金比のベースに車両を配置

ダイオラマでヨーロッパの草原のような開けた土地を表現するとき、美しいと言われる黄金比（1：1.618）のベース❶を使えばまとまりはいい。しかし、短辺の奥行きが狭く平原らしさは弱まってしまう。

間を持たせたベースに車両を配置

そこで平原らしさが伝わるように充分な間とったのが❷のレイアウトで、余裕がある分、広がりは感じさせることができる。ただフィギュアや車両を足したり、再現度の高いグランドワークがないと間が持たない。

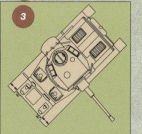

切り詰めたベースに車両を配置

❸正方形のベースの真ん中に車両を配置することで四方へ均等に広がりを感じ、さらに切り詰めることでその状況を強調できる。ベースと平行に置くのではなく、斜めに置くようにしよう。

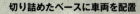

Modeler 03 KAZUNORI YAMADA

KAZUNORI YAMADA

山田 和紀

1963年生まれ、広島県在住。2007年、喜屋戦車模型コンテストの最高賞であるグランドマスター賞を獲得。ベトナム戦争を題材とした作品がライフワークだが、ほかにも緻密でドラマチックなフィギュアを用いた作品も得意とする。

---

work 1

Killing Hill
The battle of sugar loaf hill   okinawa, may 1945

舞台や映像作品で用いられるようなセオリーを巧みに取り込んだのが本作だ。突撃する日本軍と守りにまわる米軍との近接戦闘を迫力満点に描き出した。日本軍と米兵の対比が見どころの作品でもある。どのように対比させているのかを見ていこう。

□ WWII Japanese Infantry, USMC World War II Pacific firing
　ミニソルジャー 1/35　など

work 2

"Shit, look at that!"
He Marines raise the flagon Mount Suribachi

こちらも対比がテーマになっている作品だ。摺鉢山に米国国旗が揚がったのを見届ける兵士と、怪我をして帰国できることに安堵する兵士、これから戦地に向かう兵士の3つのストーリーが交錯する。山田作品の真骨頂とも言えるダイオラマ作品を鑑賞しよう。

□ LVT-(A) 4
　イタレリ 1/35

work 3

Triage of Prisoners
Germany, Late March 1945

山田作品はひとつのダイオラマに複数のストーリーを詰め込んでいるのが印象的だ。この作品も歩かされているドイツ兵の捕虜と、ジープに乗せられている高級参謀将校、捕虜にもなれず殺害されたSS隊員と3つのストーリーが絡み合っている。

□ アメリカ戦車 M26 パーシング
　タミヤ 1/35

Panzers in Diorama

Triage of Prisoners
Germany, Late March 1945

Modeler 03　KAZUNORI YAMADA　Work 1　Killing Hill　The battle of sugar loaf hill okinawa, may 1945

Killing Hill
The battle of sugar loaf hill okinawa, may 1945

舞台演劇をはじめ、映像作品や漫画には演出で使われる上手、下手の法則がある。画面の右側を上手（かみて）、左側を下手（しもて）と呼ぶ。上手は上位を示し、勝者、強者、喜び、安心などポジティブな要素が配置される。下手は下位を示し、敗者、弱者、悲しみ、不安などネガティブな要素が置かれる。そして各方向からの流れにも意味があり上手から下手への流れは、くだる、不安へ、絶望へを意味し、下手から上手への流れは上がる、安心へ、希望へと示唆させる。これらは法則ではあるが自然に感じることであり、そう配置した方がしっくりくる。作品を作るときこれらの法則は説得力を高める武器となる。知っていると作品を見やすく整理でき、深みを持たせることができるのだ。また鑑賞時も作品への理解が深まる。もちろん、法則を無視した方が良い作品になることもあるにはあるのだが、まずはこれらのセオリーに習った作品作りをしてみよう。この上手、下手の法則はここで紹介する作品のようにふたつの要素を対比させて配置する場合、効果を発揮する。お手本のような作品なのでこれらを踏まえて鑑賞すると作品の凄さと本質が理解できるだろう。

Panzers in Diorama

| 053

Modeler 03　KAZUNORI YAMADA　　Work 1　**Killing Hill**
The battle of sugar loaf hill
okinawa, may 1945

ヨシオカの
ココ！
チュウモク

制約されたベースで最大限緊張感を出すために白兵戦のシーンが採用された。ベースを二分割構図にすることでダイナミックなレイアウトになる。日本兵それぞれが作品の中心に向いているのがよくわかる。これで4人の米兵が追い込まれている状況が見る人に緊迫感を与えている。

Panzers in Diorama

二分割構造で日本兵と米兵の対比構造を魅せる

吉岡和哉が語る、本作「Killing Hill」のミドコロ

Point 1 左右を分割することで状況を描く

本作は二分割構図を使って右と左で攻守を表現しているが、この構図はふたつの要素を対比させるときに使いやすい。CQB(近接戦闘)を描くとき、敵味方が入り乱れた混戦した配置も場面に変化がついて見映えがする。だが中央で敵と味方を分割することで、攻めと守りの状況が明確になり、鑑賞者をスムーズに作品内へ導入することができるのだ。

Point 2 右から左へ視線が移るレイアウト

シュガーローフの戦いをテーマに丘での攻防戦を描いた本作。舞台や映画では画面の右から左へと物語が流れるように演出されるのだが、このヴィネットもその法則に則って、丘を奪還しようと攻め入る日本兵を右側に、そして拠点を守る米兵が左側に配置されている。右から左へと物語の流れを作って視線を誘導するようにレイアウトされている。

Point 3 高さの違い以外の意味を持つ高低差

高低差をつけたダイナミックな構図に目が行くが、高いところから低い場所へと視線の流れを作ることで、日本兵の勢いと陣地を取り返そうとする強い意志を感じる構成になっている。作者の山田さんは両軍が拮抗する様子を描いたというが、舞台や映画の演出では「右=勝ち」「左=負け」の位置関係がある。作品を見た瞬間、日本兵へと共感し、次に負傷した米兵へと視線が流れると同情を誘う。レイアウトで両軍へのバランスの取り方が巧妙だ。

Point 4 敵と味方の間合いと緊張感

ダイオラマでは敵と味方の間合いを詰めると緊張感が高まってゆく。目前に迫った位置に配置された両軍のフィギュアは、CQBならではのひりひりした緊張感を醸し出す。そして作品の右手、前後に配置された2人の日本兵の向きに注目して欲しい。両方とも砲弾孔の中心に視線が向けられている。この2体のフィギュアの視線により、追い詰められる米兵の恐怖感を鑑賞者に想像させるのだ。

055

Modeler 03　KAZUNORI YAMADA　Work 2　"Shit, look at that!"
He Marines raise the flag on Mount Suribachi

ヨシオカの
ココ！
チュウモク

銃撃戦の真っ最中というわけではないが、この臨場感は戦場以外の何者でもない。ベースの傾斜がひな壇状になっており、作品全体が見やすくなっているのもキーポイント。正面から作品の全貌が見えるので、ストーリーがわかりやすい。

Panzers in Diorama

日本を代表するミリタリーダイオラマビルダーのひとり、山田和紀さん。彼の作るダイオラマの特徴は見せ場が多いことだ。ヴィネットとダイオラマの違いは作品の主題とそれに付随するサブストーリーがあるかないか。もちろん作品サイズによる物理的な違いもあるが、いくつもの物語があるのがダイオラマだ。複数のストーリーがあっても散漫になると作品がダメになる。何かしらの関係性がある方が良いだろう。その点、本作は完成度が高い。山田作品はいつもコンセプトを持ってしっかりとストーリーが練られ、観る者の心を揺さぶる構成が見事だ。本作の舞台は太平洋戦争で激戦だった硫黄島。島の南西に位置する摺鉢山がアメリカ軍の手に堕ち、星条旗が掲げられたその時、浜辺の救護所が作品の舞台。星条旗を見つけたLVT(A)-4の乗員、前線から帰ってきた負傷兵、前線へ赴く兵士の3つの違う物語が展開している。戦争の終わりを感じて安堵する車上の2人と、負傷したことで戦争が終わった負傷兵、それと対比するように再び戦場へ赴く3人の兵士……。三つ巴の物語が交錯している。多くの見せ場と深みのあるダイオラマに仕上がっているのだ。山田さんの代表作とも言える作品を堪能してほしい。

"Shit, look at that!"
He Marines raise the flag on Mount Suribachi

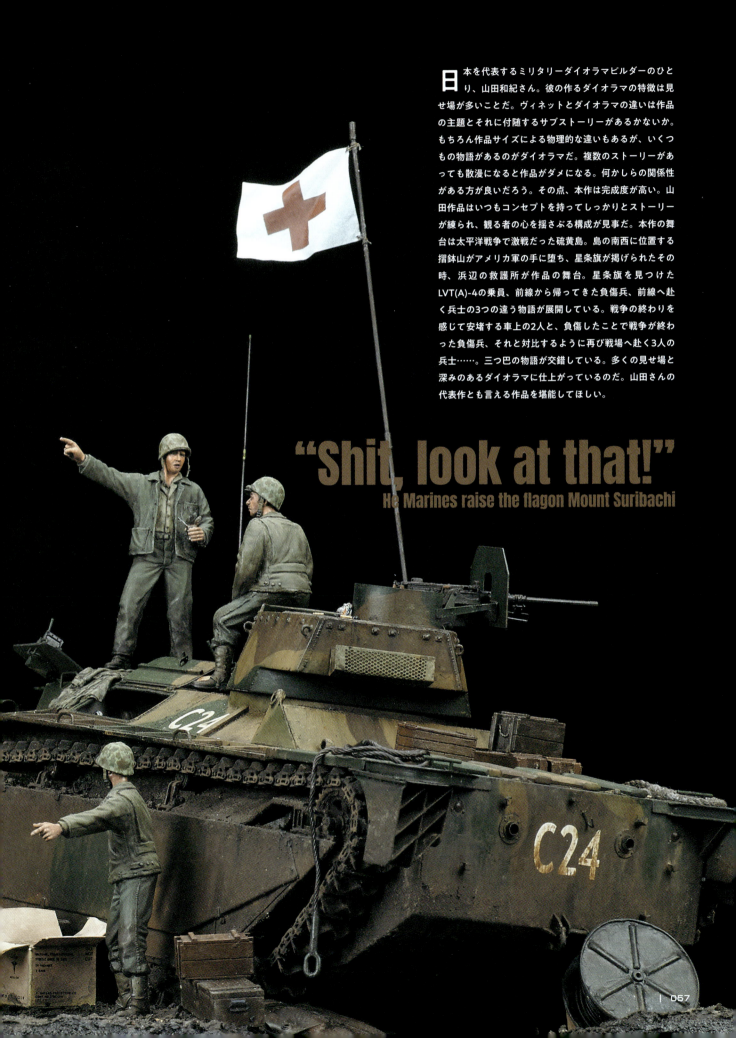

Modeler 03　KAZUNORI YAMADA　　Work 2　"Shit, look at that!"　He Marines raise the flagon Mount Suribachi

3つのストーリーをひとつのダイオラマで描き出す

吉岡和哉が語る、本作「"SHIT, LOOK AT THAT!"」のミドコロ

Point 1　現地の地形を再現したひな壇状のベース

硫黄島の海岸は、海成段丘と呼ばれる隆起や低下により階段状に形成されている。上陸した海兵隊員はその地形を遮蔽物として利用したのだが、ダイオラマはそんな傾斜地を舞台として構成。記録写真にもあるように救護所もそんな場所に作られている。傾斜した階段状の地形はダイオラマ的にも最適で、正面から見たときに奥まで満遍なく見渡せる。

Point 2　山頂に掲げられた星条旗に気づいた2人

作品の右側には海兵隊のLVT(A)-4が配置されているが、その2人の乗員は右側を見つめている。視線の先には摺鉢山があり、山頂に星条旗が掲げられた瞬間が作品のタイトルになっている。この戦いの決着を悟った乗員2人に対し、他の兵士は負傷し、それらを介護する。そして再び戦場に戻る兵士達。星条旗には気づかず淡々と任務を遂行する。安堵と、さらに続く緊張感を巧に対比させた山田さんの演出力の高さに感心する。

Point 3　前線へ向かう兵士と帰国する兵士の対比

そして手当を受ける負傷者が配置された、作品左の野戦救護所に目を移すと、治療後に巻かれた包帯が目に入る。眩しく感じるほど白く、治療前の傷よりよく目立つ。引いて見てもその白が引き立って、観るものに戦闘の激しさを想起させる。重症の兵士達の戦いは終わり、顔には生きて帰国が叶うことによる笑みが浮かぶ。作品の左上にはそれとは強い対比関係にある3人の兵士達。足取りは重く、担架に乗せられて後送される負傷兵へ視線を向けて明日の自分を重ね見る。

Point 4　説得力のある野戦救護所

前線へ向かう兵士と帰国する兵士の対比がキモだ。悲喜こもごもな本作の見せ場となる野戦救護所にはそこに視線が集まるように、さまざまな小物が配置され、ディテールが作り込まれている。とくに治療の様子がとてもリアルで医療器具や包帯の巻き方などに説得力を感じる。それもそのはず、医師を生業とする山田さんならではの作り込みで、実感がこもったシーンの出来はすばらしく、強く深く印象に残る。

Panzers in Diorama

059

Modeler 03 KAZUNORI YAMADA Work 3 **Triage of Prisoners**
Germany, Late March 1945

Triage of Prisoners
Germany, Late March 1945

考証という言葉は模型を難しくする行為として嫌われることも少なくない。だが作者自身が必要な情報を選んで使えば、作品を作る一工程として楽しむことができるだろう。「その車両はどう戦ったのか」「〇年の冬は〇〇で、そのため××を装備した」「その土地は〇〇なので××な汚れが着くはずだ」など。調べたことを盛り込むことで見映えを上げたり、説得力を持たせたりすることができるのだ。作品に深みを与えるエッセンス、これこそ考証をする理由といっても過言はない。決して創作の間口を狭めるものではないことに留意したい。そんな考証を駆使して作られたのが山田さん作品。ダイオラマのストーリーはジープで護送される諜報部隊の大佐を起点に展開。ジープに乗せられる＝重要捕虜として扱われ、開襟しないコートの着こなしで佐官の参謀であることを示唆している。先導するジープに乗ったMPに第1軍のワッペンを付けることで、護送される大佐の重要度を説明。そのため捕虜の隊列はおろか、前線へ向かう戦車の進行をも止めさせる。といった各々のキャラクターの意味がわかると作品の理解が深まる。そして本作には主題を強調するための3者の対比構造がある。ひとつはMPに先導されたジープに乗る大佐。ふたつ目はぬかるんだ道を徒歩で後退させられる捕虜。そして3つ目は捕虜としても扱われず即射殺されたSS隊員。同じドイツ兵でも扱いの違いに切なさを感じる。単に戦車とジープ、捕虜を配置した大戦末期のドイツの田舎道を再現したダイオラマでなく、これらの要素に考証した情報を効かすことで何倍にも作品の質と完成度がはね上がる。考証したものがひとつの作品にまとまった時の高揚感。きっと心地よかったに違いない。

Modeler 03　KAZUNORI YAMADA　Work 3　Triage of Prisoners
Germany, Late March 1945

Triage of Prisoners
Germany, Late March 1945

ヨシオカの
ココ！
チュウモク

満載の荷物を再現するのは米軍車両を作る時の楽しみのひとつだが、戦車のエンジンデッキ上の荷物は、砲塔が360度回るように量と配置に気を付けられている。先頭のジープは軍直属ではあるものの、前線の部隊と同様にノルマンディからドイツ国内まで長旅をしてきたはずであり、相応の荷物と汚しを施してある。

Panzers in Diorama

| 063

Modeler 03 | KAZUNORI YAMADA | Work 3 | **Triage of Prisoners**
Germany, Late March 1945

Panzers in Diorama

吉岡和哉が語る、本作「Triage of Prisoners」のミドコロ

Point 1　物語の起点となる人物

物語の主役ともいえる「優遇される捕虜」。ジープに乗り、捕虜の隊列に割り込み、さらに戦車の行軍をも止めてしまう。この配置により彼の重要度が伺える。各要素に与える影響により、優遇される捕虜(参謀大佐)の優位性が高められ、さらに物語の流れを作るキーとして機能する。この大佐を配置する場所は、少々出落ち感はあるもののわかりやすさが必要なため、いちばん手前に置かれている。

Point 2　主役を引き立てる脇役達

後方へと送られる「普通の捕虜」は泥道に配置されている。大戦末期らしさと言えばそれまでだが、泥濘に足をとられた歩みを見ると、気分も重く不安感を抱く捕虜達の心情が想像できるだろう。そして隊列の中には少年と老人を配して戦況を暗示させる演出も山田さんならでは。観るものに大戦末期の様子をダイレクトに伝え、MBに乗った参謀大佐との対比を強く強調する存在になっている。

Point 3　状況に深みをだす要素

「殺された捕虜」は作品のいちばん低い位置に配置し、さらに場所を水際にすることで他の捕虜より不遇さを視覚的に表現。またこの武装SS達は装備品を外した状態を再現しているが、これは武装解除後の無抵抗なときに殺害されたことを物語る。ダイオラマ上の死体の扱いには賛否ある。だが意味のある死体の扱いは、物語の深みを増し作品の印象を高めることができるのだ。

Point 4　要素が複雑に絡む焦点

本作には捕虜の隊列、独軍参謀大佐を乗せたジープの車列、パーシングの車列の三要素が配されて、それらが交わる部分が作品の焦点となる。複雑な構図が巧みにまとめられ、作者の構成力の高さが窺える。またベースの端に止められた2人の捕虜はなにげに重要で、参謀大佐へ支線を誘導させるとともにベースの外へと長く続く捕虜の隊列を想像させる要素になっている。

Modeler 04

VOLKER BEMBENNEK

ヴォルカー・ベンベネック

1977年生まれ。ドイツ在住のドイツ人モデラー。第2次世界大戦中の車両を主に製作。作品は基本的にダイオラマで仕上げられている。車両、フィギュア、建物、植物など、各要素のこだわりはどれをとっても超絶のひとこと。

WORK

"Farewell of the faith"

本作の作者、ヴォルカー・ベンベネックさんは、ドイツでおもに大戦中の自国の車両をモチーフにして作家活動をしているダイオラマビルダーだ。作品は車両を中心に余分な地面を切り詰めた、いわゆるヴィネットスタイルが多い。ただ車両は本作のように細部までこまかく作り込まれ、それに合わせた解像度の高いストラクチャーやグランドワークが観る人を飽きさせない。また数体のフィギュアが織りなすドラマ作りも抜かりなく、安定の完成度で次回作への期待も高まるダイオラマビルダーと言えるだろう。

■ WW.II ドイツ軍 III号突撃砲 G型 初期型　ドラゴン 1/35

Panzers in Diorama

| 067

Modeler 04　VOLKER BEMBENNEK　　Work　"Farewell of the faith"

"Farewell of the faith"

ベンベネックさんの作品は、余すところなく盛り込まれた要素が紡ぐ濃密な物語が見どころだ。要素を集中配置して物語を語る車両は、ダイオラマの主役とも言えるだろう。だが、戦車が登場するダイオラマはいつも車両が主役とは限らない。兵士や小物、ストラクチャーを主役にすることで、物語により深みを出すことができる。だが本作は戦車が主役だ。王道的なダイオラマはありきたりだとも思われそうだが、本作はありきたりの範疇に収まる作品ではない。戦車の圧倒的な作り込みが存在感を放つのだ。こまかく作られたディテール、追加装備、ダメージ、荷物……。ひとつひとつに意味があり、状況を想像させ、物語を紡ぐ。装備の欠損は激戦を潜り抜けた様子を表現し、増加装甲は乗員たちが生き延びるための希望の記号。さらにぬかるみにより季節を感じさせる。そしてそれらの物語を明確にするフィギュアの存在感がすばらしい。ひとりひとりのフィギュアが無駄なく配置され、作品が放つ重厚な物語を補強する。いま挙げた要素をハイレベルにまとめあげる構成力。AFVモデルの極地のひとつと言えるだろう。

ベンベネックさんの作品はフィギュアや車両の様子、地面のぬかるみなど様々な要素が絡まり合って生まれるストーリーが魅力的だ。それぞれの要素も突き詰めて製作され、どこからみてもスキがない仕上がり。フィギュアの会話が聞こえてきそうな目線の整理や、欠損した装備の具合いなどから、この車両が退却してきたのがひと目でわかる。これが意外とむずかしい。

Panzers in Diorama

Modeler 04　VOLKER BEMBENNEK　　Work　"Farewell of the faith"

Step 1
ストラクチャーを自作する

地面や橋をはじめとするストラクチャーは自作されたものだ。スタイロフォームから作られたリアルな橋や、実際の枯れ木から造形された木など、見どころがたくさんある。

▲地面の本体は発泡スチロールやスタイロフォーム。合板で枠を製作。それから表面を石膏で作り、さらに水と木工用ボンドと細かい土を混ぜたものを塗りつけた。

▲橋は全体がスタイロフォーム製。まずスタイロフォーム板から大まかな形を切り出し、レンガの目地を刻む。目地はスパチュラなどの工具を使って少し広げている。

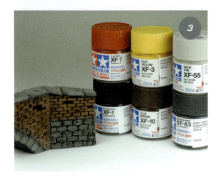

▲橋の下地塗装をする。タミヤアクリルで橋を塗装する。レンガ部分は赤や黄色も利用して色味に深さが出るようにする。

▲うすめた石膏を塗りつけて、レンガの質感を表現したり、目地部分の再現をする。レンガ部分は塗った石膏を拭き取ることで、目地だけに石膏が残りリアルになる。

▲さまざまな緑系の塗料を使いながら川の下塗りをしておく。こちらもタミヤアクリルを使用している。深くなるにつれ暗くグラデーションをかけておくのがポイント。

◀橋の完成状態。塗りつけた石膏の効果で古びたレンガらしい質感が再現できている。緑系のウェザリングも映えていてそれらしさを感じさせてくれる。

▲植物はミニネイチャー製の各種製品に加え、長い草は刷毛の毛を使っている。ぬかるんだ泥を再現するため履帯の接地部分は一段低くしておく。

▲本物の木の根や小枝を取ってくるのは、いちばんよくある手法だ。作例では適当な枯れ枝を幹と大枝に、小枝にはオランダドライフラワーを使う。

Panzers in Diorama

Step 2

車両の製作と塗装

本作の主人公となるⅢ号突撃砲。アルケット社で生産された車両をモチーフとして製作されている。模型映えするシュルツェンの塗装やアクセサリーに注目したい。

▲本作の車両は1943年11月から1944年3月までのあいだにアルケット社（アルトメルキッシェ・ケッテンヴェルク有限会社）で生産された。

▲車体前部に予備履帯を装備した長砲身の突撃砲の実車写真でよく見られた「前のめり」姿勢を再現。ツィンメリットコーティングはATAKのレジン製シートを使用して再現。モールドされた溶接線は慎重に削り取ってから、伸ばしランナーで作り直した。

▼第1のフィルタリングはふたつの役割があり、ひとつは普通のフィルターとしての働き、もうひとつは模型表面のぎこちなさを和らげる働き。この第1のフィルターには食器用洗剤を1滴混ぜ、水で希釈されたアクリル塗料が模型の表面で弾くのを防いでいる。褐色系アクリル系塗料を組み合わせた。

▲ベースはダークイエローで塗装。75mm砲の砲身は手塗りの迷彩塗装とした。コントラストとメリハリに加え、「実戦車両感」を与えるためシェルツェンの迷彩パターンを変えたり、サンドイエロー単色にした。シュルツェンは損傷や脱落により別の戦闘車両のものと交換され、塗装や迷彩が1両の車両に混在することがめずらしくなかった。

071

Modeler 04 | VOLKER BEMBENNEK | Work | "Farewell of the faith"

Step 3

フィギュアの製作

多数のフィギュアが車両に搭乗しているのがこの作品の見どころのひとつ。一体一体が市販のフィギュアを組み合わせ、シチュエーションに合わせたポージングや表情に改造されている点に注目。

▶いくつかのフィギュアはグループとして製作されている。この後の塗装工程で、単調にならないように注意が必要だ。

▼全体のバランスを見つつフィギュアを配置した状態。キットはドラゴンやウォーリアーズのレジンキットを使用しており、頭部と手はホーネットのものを採用。パテや鉛箔を使いディテールアップ。

▲戦況を確認するためにヘッドフォンを片耳にするなどシチュエーションがわかるようになっている。襟章や肩章はエッチングパーツでディテールアップ。

▲2体の兵士が絡むポーズは密着する部分の一体感がないと、負傷兵の力が抜けた感じや人の体重が伝わらない。パテなどで密着させよう。

▲「敗走」をテーマにしているので、ただ兵士をうまく造形するのではなく、負傷兵の負傷の具合がわかるようにも処理し、ストーリーを伝えたい。

072

Panzers in Diorama

▲塗装はもっぱらアクリル系塗料を使っている。タミヤアクリルでエアブラシ塗装され、ファレホの筆塗りでより洗練された状態になる。

▲すべてのフィギュアは頭がボディとは別に塗装されている。必要に応じて、シーンに適応させるために視線を微調整することができる。血はくどくならないように。

▲フルペイントされた車長たちのフィギュア。これ自体がヴィネットになっているかのような出来映えだ。

▶車両の前に立つ将校のフィギュア。このフィギュアはドラゴンのフィギュアをあまり改造せずに使用。レジン、インジェクションプラスチックキットにとらわれず、シチュエーションに合うかどうか造形の良さで選んでいる。重要なのは右腕。運転手の手と合うように調整している。

| 073

Step 4

グランドワーク

植物と人工物、そして川や泥の質感それぞれがバランスよく配置された地面。豊かな情報量を感じさせるグランドワーク製作のポイントを見てみよう。

◀ストラクチャーを作った以外にもツタや落ち葉などに侵食された感じや、道標や放置されたOVMなどいくつかの人工物を織り交ぜることで見どころや情報量を増やしている。

▲ミニネイチャーの植生とブラシの毛で作られた植物たち。橋の上のつたの葉もミニネイチャーの製品だが、一枚一枚加工して使用している。

▲川の部分の製作。2液性のエポキシ樹脂を使い、薄く何層にも重ね、それぞれ少し着色した。最後の層が完全に乾く前に数枚の葉を水に組み込んだ。

▲1体ではあるものの、地面と接しているフィギュアとグランドワークのフィッティングは重要だ。粘土で隙間をしっかりと埋めて泥濘の質感を強調したい。

▲最終的に上塗りするが、自然のスタティックグラスや実物の枯れ草など粗密をつけて配置することも大事だ。

▲ぬかるみは川で使用したエポキシ樹脂を同様に使用して再現。ただ着色は川と違うようにして差別化を図っている。

Panzers in Diorama

吉岡和哉が語る、本作「"Farewell of the faith"」のミドコロ

正攻法で作られた戦車ダイオラマの王道的作品

Point 1 過酷な戦況を表現

作品のⅢ号突撃砲は履帯の増加装甲以外にも現地改修やダメージ表現があちこちに施されている。とくに車体後部は追加されたエアフィルターを始め、手が入っているのだが、それらに目を向ける意味でも、車体後部に配置された視線を集めるフィギュアの存在は大きい。車体に取り付けられた履帯の増加装甲は、脆弱な前部装甲を補うための涙ぐましい装備で、大戦末期の悲壮感を掻き立ててくれる。そして車体前部へ重量がかさむことで前のめりになった姿勢が、プラスチックの模型に重量感を与えてくれるのだ。

Point 2 高低差で見せるストーリー

作品の正面となるいちばん目立つ所に配置されたフィギュアが、本作で語られるストーリーの起点になる。負傷した部下や戦友を「無事に後方へ送り届けてくれ」と乗員と誓いの握手を交わし、そこから車体に乗り込んだ各兵士へと鑑賞者の視線の流れを作っている。本作の地面はモチーフの土地に合わせたため、平坦な道が舞台となっている。平らな地面はしばしば作品のおもしろさをなくす場合もあるが、本作ではベースの奥に木が立てられていて構図に動きを与えている。またその横に配置されてた川はサイズこそちいさいが、地面の表情を豊かにしてくれる。

Point 3 ぬかるみと植生のコントラスト

ぬかるんだ道路が占めるベース前部と違い、作品の後ろ側には枯れた植物が彩りを添えている。これらは色彩の情報を増やす以外にも、作品内に肌寒い空気感を醸し出す役割を担い、鑑賞者に過酷な状況を想像させている。

Farewell to the Faith
StuG III No.124, Panzerjäger Abteilung "Feldherrnhalle 1"
Abandonment of the last bridgehead east of the Theiß
Tiszalök, Hungary, 1st November 1944

| 075

Modeler
05 PETER W USHER

ピーター・W・アッシャー

1972年生まれ。ウィルトシャー在住のイギリス人モデラー。基本はAFVモデラーだがジャンルを問わず製作する。独特なレイアウトで製作する作品はコンテストでの受賞暦も多数ある。

work

Mind the gap!
Battle of Kolberg, Poland
March 12th 1945

ダイオラマはベースのなかに多くの見せ場があると、見る者の足を止めて作品のなかに視線を集中させることができる。しかし多すぎる見せ場は、目移りを招いて主題を見つけにくくすることも……。そんなときに使いたいのがこのサンドイッチ構図。壁で挟むサンドイッチ構図は、鑑賞者の視線をほかに向けないよう主題を引き立てる、単純だが奥が深いレイアウトだ。本作から効果をじっくりと読み取って欲しい。

□ドイツ軍用蒸気機関車 BR52
トランペッター　1/35

Panzers in Diorama

077

Modeler 05 PETER W USHER Work **MIND THE GAP!**
Battle of Kolberg, Poland
March 12th 1945

撃たれた兵士の引き立て役、ドイツ軍用蒸気機関車BR52はベースに収まるように本体の1/3ほどしか使われてない。しかし、しっかりとした作り込みと塗り込みにより、作品に密度感を与える見せ場のひとつになっている。

Panzers in Diorama

Mind the gap!
Battle of Kolberg, Poland
March 12th 1945

ダイオラマを語る上でよく使われる「構図」と「レイアウト」という言葉。「構図」とはある風景のどの場面を切り取るか？　といった写真撮影でいうところアングルやフレーミングをさす。一方「レイアウト」はそのフレームのなかに要素をどう置くかといった配置的な意味を持つ。この章で紹介する作品「Mind the gap!」は構図とレイアウトの大切さに気付かされる作品と言えるだろう。本作は敵に狙撃された機関銃手と彼を救おうとする兵士たちというシンプルな物語だが、それが観る者に伝わりやすいよう構図とレイアウトが工夫されている。作品の舞台は機関車や貨車が停車する操車場。主題となる狙撃された兵士が引き立ち、作品の奥から狙う敵の存在を想像させるよう、車両と線路を使った構図で物語をスムーズに展開。ベースと並行に配置された線路やベースの真ん中に設けられた開けた空間の使い方が斬新でダイオラマを印象的に構成する。また、物語の起点となる狙撃された機関銃手と彼を救出する兵士は巧みに計算されたレイアウトで配置され、状況を語りつつ作品の魅力に繋がっている。

079

吉岡和哉が語る、本作「MIND THE GAP!」のミドコロ

Point 1 車両で挟んだサンドイッチ構図
ダイオラマの主題が引き立つように、挟む壁の役割を成す機関車と貨車。舞台を操車場として、壁にはAFVダイオラマで使いにくい鉄道車両を選び、違和感なく状況と舞台を調和させるところは、構図作りの好例と言えるだろう。

Point 2 本作の主題となる狙撃された兵士
作品の中央に倒れるのが敵のスナイパーに狙撃された機関銃手。多くの映画や小説の題材にもなっているので状況の説明は省くが、この主題に視線が向くようにさまざまな工夫がされている。この兵士の周りに雪がないことに注目してほしい。雪と地面の明度差により、まるでスポットライトが当たっているように演出が効いている。

Point 3 鑑賞者の視線を導くフィギュア
機関車と貨車の後に隠れる兵士たちは、狙撃された機関銃手に顔や腕を向けているが、それは鑑賞者の視線を主題へと導く役割を成している。撃たれた戦友へと飛び出さんとする者や、狙撃ポイントを探す兵士など、作品の両端に配されたドラマが行きつ戻りつ視線の流れを生み出して、作品の隅々まで鑑賞させる本作のレイアウトの妙といえる。

Point 4 作品に高さを与えるストラクチャー
蒸気機関車に水を供給する給水塔は、機関車があればこそ生きてくるストラクチャー。作品の中央から少しずらして配置され、高さと密度を与えてくれる。本作のストーリーには絡まないものの、機関車と貨車の間を持たせる不可欠なアイテムだ。

Point 5 本作品にとって重要な空きスペース
サンドイッチ構図の壁を成す機関車と貨車の間に、ぽっかりと開けられた空間。一見すると間延びしたように見えなくもない。しかしスナイパーの存在を想像させ、弾が飛んでくる方角を開けることで、ベースの奥方向へと広がりを感じさせている。

Point 6 ベースと平行に配置された線路
道やストラクチャーをベースと平行にする配置は避けたほうがよいとされているが、本作品は線路とベースが平行に配置されている。しかしこのレイアウトに単調さを感じないのは、横方向へと強い視線の流れがあることと、レイアウトの大胆さのため。巧さでねじ伏せる力のある絵作りには強く感服する。

壁に挟まれた主題を中心に
作品を満遍なく鑑賞させるレイアウト

Panzers in Diorama

作品を盛り上げるフィギュアは総勢14体を配置。フィギュアの配置を見てみると、大きな群像が2ヶ所用意され、そこに集中配置しつつ空きスペースとバランスが取れているため充分な数だといえる。

ヨシオカの
ココ！
チュウモク

MIND THE GAP!
Battle of Kolberg

ダイオラマビルダーのこだわりツールとマテリアル
The tools and materials selected by diorama builders

ロジャー・ハークマンス
自然素材との上手な付き合い

▼そのほかスタティックグラスや紙を落ち葉の形にレーザーカットした製品を織り交ぜて地面を製作するが、メインとなるのは自然素材なのだ。

▲ハークマンスさんがよく題材にする秋～冬のヨーロッパの地面の再現に欠かせない落ち葉。その素材は本物の落ち葉を砕いたもの。よく乾燥させた、腐食の少ないものを使う。

▲枯れ草にはドライシーグラスと呼ばれる干し草の塊を多用する。ほぐしてまぶしたり、束状に引き抜いて植えることも。日本ではJOE FIX や AK インタラクティブから発売。

◀塗装では車両、フィギュア、ストラクチャーともに油絵具を多用する。とくにアンバー系の色と、バンダイキブラウンが重宝するという。バンダイキブラウンはスミ入れだけでなく、ウォッシングやフィルター色として幅広く使用する。

クレアンクライ・パオジンダ
塗料、情景素材ともにAKインタラクティブがお気に入り

▼そのほか草素材や接着剤も、AKインタラクティブのもので事足りてしまうことが多い。ダイオラマ製作の本格派にも適した製品を多数展開している。

▲水性塗料を使うことが多いパオさん。好きな塗料はミッションモデルズペイントとAKインタラクティブ。とくに3Gシリーズは品質がよく、筆塗り、エアブラシともに愛用。

▲ダイオラマ用のマテリアルもAKインタラクティブのものをよく使う。地面テクスチャーシリーズは水性で色数も豊富。仕上がりがリアルで状況によって使い分けている。

◀建物の造形によく使用される建材、スタイロフォームもAKインタラクティブから模型専用のものがリリースされている。厚みが建物のスケールに適し、キメが細かくスケールも破綻しにくい。

バーナード・ルスティッヒ
アモのエナメル、油絵具で仕上がりを極める！

▼車両に使った塗料とグランドワークの仕上げに使う塗料を統一して、作品に一体感を生むこともできる。使う場所を限らず、柔軟な発想で使用している。

▲ルスティッヒさんが愛用するアモのオイルブラッシャーは油絵具が筆付きのペン型容器に入ったもので、手軽な塗布が可能。模型用に適した色数、そして品質が愛用の理由。

▲ウェザリング塗料メーカーとして名を馳せるアモは車両だけでなく情景の質感表現にもひと役買う。建物や木部のコケ表現に使えるエナメル系塗料は本書収録作品でも多く登場。

◀アモのペースト素材、マッドとスプラッシュは粘度の異なるエナメル系塗料。どちらも乾燥するとピグメントのような質感になるところがお気に入り。情景にも使える、頼もしい塗料だ。

ダイオラマ作りを続けていると重宝するアイテムが見つかり、「これ無しでは製作不可」と訴えるモデラーも。ここでは本書で紹介するモデラー陣のとっておきのツールやマテリアルを紹介。超絶作品を作るためのヒントを、視点を変えて見てみよう。

山田 和紀
フィギュア造形に欠かせない1本

◀山田さんのフィギュアは市販のフィギュアが芯となっているものの、作品の設定や時代に合わせた別の軍隊、軍装に改造して使用されることが多々ある。そんなときは金属線と木工用エポキシパテで基礎を作り、その上からマジックスカルプ(造形用エポキシパテ)で衣服を作っていくが、精密な軍装のディテールを加える際に欠かせないツールがテフロン製の筆だ。

▼人体の骨格や動きに破綻がなく、正確に造形されるフィギュアは医学の知識や人体構造に基づき製作。違和感のない自作フィギュアは、確かなソースを元に作り出される。

▲▶資料を元に骨格を正確に造形した後、エポキシパテで軍服や腕を形成。滑らかなラインや強弱のある服のシワを造形するときにテフロン製の筆は大いに活躍する。

ジャン・スアン・リー
自身のブランドを活かしたダイオラマ作り

▼自身のブランドである「PARACEL MINIATURES」を運営するジャンさん。自身の作品が、これとないブランドの宣伝にもなっている。

▲兵士に比べると数が少ない民間人フィギュア。子どものフィギュアはさらに少なく、必要なフィギュアは製品化し自身の作品にも活用するのがジャンさん流。

▲欲しいポージングも3Dモデリングと3Dプリンターを活用すれば手に入れることができる。しかし、モデリング作業はアナログでの作業と同様、確かなデッサン力が必要だ。

▶フィギュアを製品化することでジャンさんのアイデアやダイオラマの構想が、世界中のモデラーに共有されることが大いなる強みだ。スケール違いのフィギュアが手に入るのも利点と言える。

アイマッド・ボワンティオン
精度の高い工作は、精度の高いツールから生まれる

▼精巧につくられた最新プラスチックキットやフィギュアに引けをとらないストラクチャーを自作するには、工作精度の高さが重要だ。

▲ストラクチャーなどの自作の際、板材の切断に使用しているのがRP TOOLZの角度切りカッター。任意の長さの板材を切断、量産することができる便利ツール。

▲同じくRP TOOLZのリングメイカーは金属板や金属線の曲げ加工に最適。さまざまなサイズの曲げ加工を正確に行でき、ストラクチャーの自作や車両のディテールUPに活躍。

▶両ツールともに、万人にとって「無くては製作ができない」というほどのものではない。高価なツールであるが、自作部分の工作精度を高める効果はアイマッドさんのストラクチャーの凄みを見ると実感できるだろう。

| 083

06
GIANG XUAN LE

ジャン・スアン・リー

ホーチミン市在住、1985年生まれ。北ベトナム軍フィギュアなどユニークなラインナップを多く誇るパラセルミニチュアを立ち上げ、現在もオーナーを務めるベトナム人モデラー。

work

Relics of WAR
Vietnam

ジャンさんの幼少期のころの体験から製作されたダイオラマがこの作品だ。子どもと戦車、錆色と草、さまざまな対比構造が見る者の足を止めさせる。鮮烈なアイキャッチを使用せずとも対比構造を利用した巧みな演出で鑑賞者を引き込んでいるのだ。ではどういった要素が対比構造になっているのか。詳しくみていこう。

Panzers in Diorama

085

Relics of WAR
Vietnam

　ダイオラマを作る上で度々使われる効果として対比構造がある。視覚的な興味を惹き、作品に込められたメッセージを強調することができる対比構造は、勝者に対する敗者といった役割の対比や、明色のなかに暗色を入れる配色の対比など、作品作りで非常に有用な武器になる。ジャンさんが製作した「Relics of WAR」は自身の体験をもとに構成されているそうだが、対比構造が効果的に使われた名作だ。まず目に入るのがアメリカ軍が放棄したM48パットン戦車。小山のような大きな車体に小さな子どもが寄り添う様は大きさを対比させることで、力の象徴であるアメリカが負けた様子が表現されている。戦車が戦争を、子どもが平和を示唆するなど、ほかにも対比ポイントはたくさんある。自然に対して文明・兵器の対比は自然へと帰化してゆく様を演出し、赤いサビ色に対する植物の緑色もまた対比構造だ。さまざまな対比により語らずともストーリーを想像させる。強いメッセージ性をもった作品だが、鮮やかな色味と楽しげに遊ぶ子どもたちの様子を前面に押し出すことで、嫌味なくテーマが心に染み通る。本作にはジャンさんの人柄もエッセンスとして加味されているに違いない。

ヨシオカの
ココ!
チュウモク

大人数のフィギュアの配置はバランスがむずかしいが、人物同士のスペースが微妙に調節され、とても自然な空間となっている。フィギュアの目線の多くは中央の縄跳びをしているふたりの子どもたちに向いているが、目立つ部分の子どもたちはさまざまな方向に向いており、自然と情景の外を感じさせる。

087

| Modeler 06 | GIANG XUAN LE | Work | Relics of WAR Vietnam |

重いテーマを鮮やかな色と
楽しげに遊ぶ子ども達で対比させ
観る者に語りかける良作

Panzers in Diorama

吉岡和哉が語る、本作「Relics of WAR」のミドコロ

Point 1　惹きの強い要素を作品のフックにする

放棄された兵器は子どもたちにとっては格好の遊び場となる。いまや遊具に成り果てた兵器と、それで遊ぶ子どもたちの対比はメッセージ性が強く印象に残りやすい。非常に重いテーマが込められて、よく見ると目を背けたくなる部分もあるが、無邪気に遊ぶ子どもたちは鑑賞者の共感を生むポイントであり、作品に興味を抱かせる強いフックになっている。

Point 2　主題を目立たせるための演出

そんな子どもの遊び場は壊れた兵器の集積場。幼少期の作者の体験をダイオラマにすることで、作品の説得力を高めている。ダイオラマには集積場らしさを出すために多くの兵器が置かれている。しかし、そのどれもが退色して、錆びついて苔を生やして地面に溶け込み、主張しないようになっている。見せ場になる兵器の印象を弱めてしまうのは勿体無い気もするのだが、主題となる子どもへの視線の流れを妨げないような巧みな演出がすばらしい。

Point 3　散漫な印象を持たせない配置の仕方

14人の子どもと5匹の動物が配置され、たくさんの要素を盛り込んだ密度の高い本作品。子どもたちは各部に散らして配置されているが、作品の中心で縄跳びをする子どもに緩く視線を集中させて散漫な印象にならないようになっている。子どもを1箇所に集中配置して、まとまりを良くする方法もあるのだが、バラけて配置することで、まるで各々が好き勝手に遊んでいるようになっている。そこが本作の違和感を感じさせない工夫といえるだろう。

Point 4　鑑賞者の心を掴む完成度

本作は静岡ホビーショーで実物を鑑賞したのだが、たくさんの作品が並ぶ会場でもすぐに目を惹いた。ミリタリーを題材にしたダイオラマでも、色彩の鮮やかさと、生き生きした動きのあるフィギュアが印象的で、強い吸引力で作品へと没入させられた。人目を惹く色使いや子どものフィギュア、朽ちた車両などウケが良い要素で構成されているのも事実。とはいえ長く足を引き止めたのは完成度の高さによるところがいちばん大きい。

Modeler 07

BERNHARD LUSTIG

バーナード・ルスティッヒ

1966年生まれ、ミュンヘン在住のAFVダイオラマビルダー。大戦中のドイツ軍情景作品を数多く発表している。徹底したリサーチを元に作品を製作する考証派な一面もある。

work

GAME OVER!
Ruhr Pocket 18 April

この情景を製作したルスティッヒさんはインスピレーションを得た一枚の資料画像をそのままを作り出すのではなく、当時ドイツ国内のあらゆる所でみられた典型的な物語のシーンを作り出した。アクションシーンではなく、先ほどまで戦っていた兵士たちが街中で目と目を合わせるという静かだが、非常にドラマチックな設定。ドイツ人モデラーが作り出す大戦末期ドイツ国内の情景はどんな感情で作られているのだろうか。

□ Sd.Kfz.186 ヤークトタイガー（ヘンシェルタイプ）ドラゴン 1/35

Panzers in Diorama

Panzers in Diorama

GAME OVER!
Ruhr Pocket 18 April

　ダイオラマで使う手法の一つにメタファー（暗喩）がある。視覚的な表現として深い意味や感情に伝えることができ、映像作品や絵画にも使われる。具体的な例を挙げると、市街戦のダイオラマがあるとする。そこに走行中の戦車があり、その前にぬいぐるみを置いてみる。パッと見は瓦礫の一部に思えるが、戦車に轢かれようとするぬいぐるみは市民を表すメタファーで、軍隊が市民を蹂躙しようとする意味として捉えることができる。民間人が戦車に踏みつけられる直接的な強いビジュアルを作るもの良いだろう。ただ、ぬいぐりみを市民に例える間接的な表現の方が、ぬいぐるみ→子どもの持ち物→子どもがいない→戦争の被害者、と見る者に想像させ、感情に訴えかけることができるのだ。本作品のヤークトティーガーもメタファーとして作品内に置かれている。この戦車が持つ意味は6年にわたってヨーロッパを戦火に巻き込んだ「ドイツ第三帝国」を表している。乗員達は街を戦場にしないために武器を捨てて米軍に投降する。強力な武器を備えなた帝国も今や主人に見捨てられ、終焉を迎えようとしている。乗員たちにとってはまさに「GAME OVER!」となった瞬間だ。

| Modeler 07 | BERNHARD LUSTIG | Work | GAME OVER! Ruhr Pocket 18 April |

Step 1
ヤークトティーガー 製作と塗装

このダイオラマでは脇役だが、見せ場のひとつである車両、ヤークトティーガー。脇役だからといって気を抜くことはできない。主役も張れるくらい作り込まれた車両を見ていこう。

▲メインとなるヤークトティーガーはドラゴン製（No.6285）。おもにボイジャーモデル製のエッチングパーツでディテールアップされている。

▲最初にレッドブラウンをベースとして吹付けた。そのあと小さいダークイエローのスポットを塗装。最後にレシダグリーンで3色迷彩を完成させる。

▲ウェザリングの最初のステップとしてダークイエロー用のダークブラウンでフィルタリング。余分な塗料は平筆を使って取り除く。

▲ダークイエローを使ってチッピングを描き込む。古く毛先がバラついた筆を使うと良い結果が得られないことが多い。

▲アモ製の油彩系マテリアル、オイルブラッシャー数色を使って流れ出した汚れやホコリなどを表現してゆく。グリーンの迷彩部分にはオリーブグリーンを使用。

▲レッドプライマーで塗装された車体下部のウェザリング。エナメル系塗料のハンブロルを薄めたもので、フェンダーの跡をウェザリングする。

▲基本となるウェザリングが終了した状態。この後履帯を巻いて完成。錆とホコリがうっすら浮いて情景になじむよう注意した。

▲OVMのクランプ周辺には暗めのサビ色でチッピングを施した。使用したのはアモ製のサビ色暗い茶系（A.MIG-043）。

Panzers in Diorama

❾diodump製のメッシュに瞬間接着剤を多めにつけて乾燥するまで指でもむと形状を維持したまま固まってくれる。❿メッシュの塗装はタミヤアクリル塗料を使った。ブラウンとダークグレーを混ぜた色を全体に吹き付け、その上からサビ表現の赤系の色を軽く吹く。⓫車両への取り付けは瞬間接着剤を使う。簡単だが、効果的な偽装ネットを作り出せる。

▲各グリルに取り付けた装甲版。下地は明るめのグレーで塗装してあるが、サビ色などを塗り重ねてエイジングをした。

▲カモフラージュとして使われたモミの葉も再現。ミニネイチャー製のものは1/35スケールにしたときにそれらしく見えるだろう。

ヨシオカのココ！チュウモク

ヤークトティーガーはダイオラマ的には主役級の強い要素。しかし本作では状況を説明しつつ、フィギュア達を際立たせるための脇役に徹した贅沢な使い方は潔く気落ちいい。とはいえそこは良作の基本。しっかりと作り込み、塗り込まれている。

▲偽装の植物を加えてすべての工程が終了した状態。トーイングケーブルの形は不自然にならないように注意した。

| 095

Step 2
フィギュアと キューベルワーゲン 製作と塗装

ここからは主役となるフィギュアたちの製作と塗装だ。主題をはっきりさせるためにもここは作り込みたいところ。キューベルワーゲンの製作と合わせて紹介する。

▲アメリカ兵のフィギュアはアルパインの「WW2 アメリカ軍 BAR & 歩兵（2体セット）」と「WW2 アメリカ軍 歩兵 防寒着セット（2体セット）」を小銃のスリングを追加した。

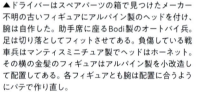

▲塗装もしっかりと塗り込みながら、適度に汚されて、包囲戦を生き延びた雰囲気を醸し出している。

▲ドライバーはスペアパーツの箱で見つけたメーカー不明の古いフィギュアにアルパイン製のヘッドを付け、腕は自作した。助手席に座るBodi製のオートバイ兵。足は切り落としてフィットさせてある。負傷している戦車兵はマンティスミニチュア製でヘッドはホーネット。その横の金髪のフィギュアはアルパイン製を小改造して配置してある。各フィギュアとも腕は配置に合うようにパテで作り直し。

❹❺❻❼キューベルワーゲンはすばらしいクオリティのタミヤ製。アベール製のエッチングでさらに精密感を出している。リアルなキャンバスカバーの再現は技術と慣れが必要。エッチングパーツが完全に固定されてから注意して作業を進めた。❽塗装前にフィギュアの位置とフィッティングを確認。良ければ塗装に移る。

車両にピッタリ合うフィギュアは調達がむずかしく、フィットさせるには体の一部分を自作するといい。この作品では手足の軸部分のみ、パテで自作されている。

ヨシオカのココ！チュウモク

Panzers in Diorama

▲塗装はヤークトティーガーと基本的に同じだがベースはブラックとホワイトのプライマーでプリシェードを付ける。

▲ダークイエローはアモ製のA.MIG-011、A.MIG-012の2色のダークイエローを混ぜて調色。その上からA.MIG-010を塗装してコントラストをつけた。

▲迷彩塗装をする前にチッピングを施す。下地にサビ色を塗装した個所を重点的に爪楊枝などで傷をつけて硬めの筆で塗膜を剥がしてゆく。

▲迷彩塗装の線はエアブラシで塗装。アモ製のアクリル塗料にタミヤアクリルのオリーブグリーンを数滴足した色を使った。

▲ウェザリングはヤークトティーガーと同じ工程。アモの「ブラウンウォッシュ ダークイエロー用」のウォッシングから始まる。

▼キューベルワーゲンに雑多に積み込まれた荷物も、こまかいところまで塗装されている。

⓰⓱フィギュアの塗装はアクリル系塗料で行なっている。アメリカ兵の険しい表情とは違い、ドイツ兵たちは悲壮感が漂う表情を強調して仕上げた。

| 097

Modeler 07　BERNHARD LUSTIG　Work　GAME OVER!　Ruhr Pocket '18 April

Step 3
ストラクチャーの製作と塗装

大道具となるストラクチャーの製作だ。家屋と柵、噴水などから構成されるストラクチャーは目の集まりやすい箇所でもある。使用感を出すエイジングにも注目だ。

①
▲塀も建物と同様にスタイロフォームで製作する。造りは単純な塀にするのではなく、レンガ積みの壁に漆喰を塗ったものを再現する。

▲建物は厚みの異なる高密度のスタイロフォームを組み合わせて自作した。高密度のスタイロフォームは目が細かく表面が滑らかに仕上がる。積み石やレンガの表現もシャープに作ることができる。

ヨシオカのココ！チュウモク

作品の背景となる建物は地面に埋まる部分まで製作されている。これはドイツによく見られる半地下構造の建築を表現、地域色をよく演出している。

②
▲下記のシートを歩道や車道のサイズに切り分けて木工ボンドでベースに接着。接着剤が乾燥したらミニアートのマンホールと排水溝を埋め込む。

③
▲ヨーロッパの街角にはよく噴水が設置されている。街の広場にある噴水は、ダイオラマ的にも街の風景として密度感を生み出す要素となり重宝する。

④
▲薄くカットした高密度のスタイロフォームに、穂先を切った筆で作ったスタンプを押し付けて石畳のシートを作る。

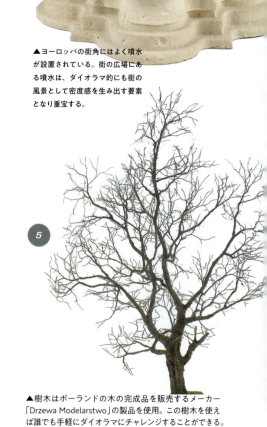

⑤
▲樹木はポーランドの木の完成品を販売するメーカー「Drzewa Modelarstwo」の製品を使用。この樹木を使えば誰でも手軽にダイオラマにチャレンジすることができる。

Panzers in Diorama

▲窓枠ははじめにグレーや茶色を無作為に吹き付け、チッピング液を塗布。乾燥後にホワイトを吹き付け、最後にエッジと手で触れそうな部分を中心に塗膜を剥がす。

▲建物の塗装は下地として壁を暗いグリーンで塗り、そこから明るい色を不規則に塗り重ねて深みを出す。

▲建物のステンシルは私の友人ハリー・スタインミュラーに作ってもらった物を使って再現。この手の要素を加えることで実際の建物の雰囲気が増す。

▲アモのスライムグライム（ダーク、ライト）を使って苔表現を行なう。このとき均一に塗るのではなくダークとライトの濃さを活かしながら濃淡を付ける。

▲建物の基礎にも剥がれ表現によるエイジングを行なう。ここでは水を含ませた平筆以外にも紙やすりも併用して壁面に汚れのテクスチャーをつけていく。

▲屋根は暗いグレーを中心に塗装。壁と同様に明るい色を不規則に吹きつけて、色に深みを出す。

◀▲剥がれた漆喰から剥き出しになったレンガの表面に水で薄く溶いた石膏を塗布。部分的に残しながら表面を拭き取って目地を再現。同様の目地表現は建物の煙突や壁面にも行なった。

◀完成した建物。各部は素材の違いとエイジングの度合いを意識しながら、複数の色を塗り重ねたり剥がしたりして色に深みを出していく。そうすれば屋根や壁のような広い面も単調になることなく、実物のような風合いを表現。

▶アモのスライムグライム（ダーク、ライト）を使って苔表現を行なう。建物の基礎をエイジングしたときと同じ要領で塗布するが、水辺なので多少、派手めに塗り込んで濡れた質感を引き立てる。

| 099

Step 4

グランドワーク

最後にグランドワークを見ていこう。グランドワークは作品の完成度をより高めるエッセンスを豊富に含んでいる。地面を作るだけがグランドワークでないことに留意しよう。

▲市街地の情景だが樹木があったりと、未舗装の部分も混在している。自然素材と人工物を使い分けて表現されている。また、戦闘が終わってドイツ軍が置き去りにしていった軍装や兵器なども配置され、作品のストーリーを高めるように気が配られている。

▲石畳の塗装も建物と同様に、暗いグレーの下地色の上に明るいグレーを吹き重ねて深みを出す。

▲石畳の上に瓦礫や砂を撒いて水で溶いたマットメディウムで固定。乾燥後にアースカラーを吹き付けてから明るいグレーで瓦礫や小石を塗り分ける。

▲次にアモの溶剤でうすめたスプラッシュ(ドライアース、ライステップ)をランダムに地面に載せてウォッシュする。作者はピグメントよりスプラッシュを好んで使う。

吉岡和哉が語る、本作「GAME OVER!」のミドコロ

Point 1 背の高いストラクチャーで高低差を

この作品の主役となり得るはずのヤークトティーガーの存在感が抑えられているのは、それ以上に大きな建物があるからだ。全高3mにもなるヤークトティーガーは模型でも主張が強く、車両を背景にさせられるほどの存在感を醸し出す。しかし本作ではヤークトティーガーは敗者の車両。その存在を抑えるために、さらに大きな建物を配し、この大きすぎる猛獣の敗北感を表現している。

Point 2 ベクトルを変えることで複雑な構図を

ダイオラマの石畳は向かって右から左に下がり傾斜が付いている。これは水平な地面と比べ動きが付くだけでなく、この作品のメッセージ性を高めるために効果を発揮する。敗者のドイツ兵が乗るキューベルワーゲンが作品の一番低い位置に配置され、勝者のアメリカ兵は右手の高い位置に配置されている。わずかな高低差だが作品の中に両者の立場の違いを明確に描き分けている。

Point 3 背の高いストラクチャーで高低差を

どの作品でもフィギュアの視線の扱いは重要だ。この作品でも例に漏れず、すべての米兵が投降するドイツ兵の方を向いている。そして負けた側のドイツ兵は視線を逸らしている。大袈裟なポーズや演技をさせたくても、勝者と敗者の力関係を控えめな演出で表現する。工作と塗装の技術があるからこそできる見せ方だ。

Point 4 乗員に捨てられたドイツ軍最強の戦車

ダイオラマの真ん中にはヤークトティーガーが鎮座する。このドイツ軍最強の戦車は「ドイツ第三帝国」のメタファーとして配置され、まだ使用できる雰囲気を保ちながら、乗員達が向かう方向とは逆の方向に配置して、捨てられた様子を暗示する。国民達に見離された帝国の末路と掛けられて、鑑賞者の感情に訴えかけるよう演出されている。

Panzers in Diorama

勝者、敗者をより明確にする演出テクニック

The Workshop of diorama builders
ダイオラマビルダーの仕事部屋

ロジャー・ハークマンス
製作はシンプルな卓上、完成品の展示もヒントになる

▼製作は部屋の簡素な作業台で着々と進められる。製作する作品は、必ず一度に1作品。複数作品の同時進行は行なわないとのこと。

▲工作、塗装ともに最低限の道具を置いた、シンプルな机の上で製作。
◀完成品の展示は自分の進化を見て取ることができ、製作中の作品へのヒントがあると語る。

クレアンクライ・パオジンダ
膨大な製作数を誇るモデラー、心機一転

▼新たな模型部屋でも同じように製作、キットの備蓄、そして撮影スペースを確保。新しい環境で心機一転、これからも傑作作品が数多く生まれるだろう。

◀▲以前の製作部屋は塗料やキットが所狭しと並ぶ整頓された部屋で製作されていたが、2024年に水害の被害に合ってしまう。それからは場所を移し、新たな製作スペースを構築。

バーナード・ルスティッヒ
完成品、資料の保管、製作や塗装もスタイリッシュに

▼製作スペースも白で統一され、棚にはアモやファレホの塗料が整然と並ぶ。左手には撮影ブースも設置。余裕のある広さが羨ましい製作環境だ。

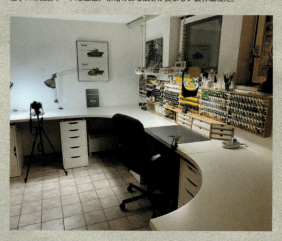

◀▲白を基調としたショーケースや本棚には完成品と資料本が収められている。もうひとつの趣味、ロードバイクとともに、至高の時間を過ごせる空間となっている。

102

傑作を生み出す現場はどのような場所なのか。ここでは普段見る機会の少ないジオラマモデラーの製作部屋を覗いてみよう。十人十色、さまざまなスタイルだが一貫しているのは、製作様式に合った環境が構築されていることだ。

山田和紀
フィギュアの精密再現に特化したスタイル

▲精密なフィギュア製作には本業の医療で使用する鉗子などのツールも登場する。
◀フィギュア製作時は資料を見ながら製作できるようにし、骨格や造形の参考にしている。

▼作業机全景。写真の状態はフィギュア塗装時の状態だが、ファレホなどのアクリル系塗料を愛用するため専用の棚を所有。精密な塗装に顕微鏡も欠かせない。

アイマッド・ボワンティオン
工作、塗装スペースの分化で効率的に

▲完成品は透明ケースで覆い、埃対策も万全。コンテストの受賞プレートも輝かしい。
◀3Dプリンター専用スペースも設け、ストラクチャーやディテールUPに活用。

▼製作スペースには塗装ブースも完備し、工作、塗装の場所が分けられている。それぞれに両端にデスクライトが設置され、充分な明るさも確保。

グレッグ・シラー
超絶ヴィネット職人の意外？な仕事場

▲完成、半完成の作品、資料の置き場。資料本は本棚に収まりきらないほどの量だ。
◀何かに取り組みたいと思うほうが、いい仕事ができる。それが僕のやり方、と本人は語る。

▼大掃除をするまでは、机の上はいつもこんな状態。ヴィネット中心の製作に移行したので場所を取らず、同時に複数の作品に取り組むことができるとのこと。

Modeler
08

IMAD BOUANTOUN

アイマッド・ボワンティオン

ベイルート在住、1986年生まれ。おもに現用車両を主体とした情景の製作が好みのレバノン人モデラー。機械系エンジニアとして自ら会社を運営しながら2010年から模型製作を楽しんでいる。

work

PLAYING WITH DIRT
UKRAINE WAR

ここで取り上げる作品はレバノン人モデラーアイマッドさん。エンジニアを本職とし、情景内の要素を自らデザインして製作。この作品もメッセージを伝えるためにその技術を最大限利用して製作されている。戦火や戦争の物量を感じさせるBM-21や大量の弾薬箱が佇む場所は子どもの声であふれるはずの公園。ミスマッチなはずの組み合わせが、この作品に独特の空気感を漂わせている。

□ ソビエト軍 BM-21 グラート ウラルー 375D トランペッター 1/35

Panzers in Diorama

Modeler 08 | IMAD BOUANTOUN | Work | **PLAYING WITH DIRT**
UKRAINE WAR

Panzers in Diorama

PLAYING WITH DIRT
UKRAINE WAR

本書では度々、情景作品が織りなすストーリーの重要性について語ってきた。ここで取り上げるアイマッドさんも、ダイオラマを製作する際にストーリー性を重要視するモデラーのひとりだ。彼は、自身のオリジナル性を大事にしつつも、もっとも重要なのは物語だと語る。実際に起きたことに基づいて物語を考え、ダイオラマで表現したいことを決めているのだ。このダイオラマでは戦争がいかに残酷であるかを伝えることができると考えた。本来子どもの遊び場である公園が戦場になっているからだ。作中に登場するＢＭ-21ウラルは、親ロシアの反政府勢力「ドネツク人民共和国」の所属車両だ。ウクライナ軍が解放した際、置き去りにされたという設定になっており、兵士はウクライナ軍、子どもは地元住民だ。この車両は攻撃されにくいように子どもたちが集まる公園に配置されていたのだ。売店の上には「死」をイメージさせるアイコンとしてカラスを配置。彼は「カラスは常に死の雰囲気を表している」と語る。さらに、戦争による死の雰囲気を強調するために、枯れた植物や雪を追加。戦争が引き起こした残酷さを、カラスや植物といったマテリアルを使ってダイオラマのストーリーとして実現しているのは見事といえるだろう。

Step 1
建物の製作と塗装

作品の中で象徴的なキオスクの建物は自作されたものだ。レーザーカットされた木材が主な素材となっており、プラスチックなどは適材適所に使われることでリアルな建物に仕上がっている。

▲屋根に使用されるアスベスト板は、多くの情景用マテリアルを発売するJuweela社製の波打ちしたプラ板で製作した。

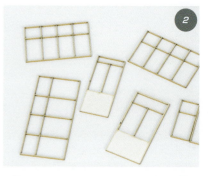

▲扉なども2mm厚のボール紙をレーザーカットで製作。プラ板をそれぞれのパネルに見立てて完成させる。

◀公園のキオスク（売店）の製作が完成。レーザーカットされた2.5mm厚の木材がおもな素材となっているが、プラ板、アルミ板など、適材適所となるさまざまなマテリアルを使い製作されている。

▲ほかのストラクチャーと同じく、パソコン上で設計した売店となる建物。データを使い専門業者にレーザーカットしてもらった。

▲売店の基本塗装開始。製作に使った木材に色味を加えるようにアクリル系塗料を使って塗装する。オーカー系の色味で外壁にフィルターを掛けてウェザリング。

▲ウサギのキャラクターをファレホのアクリル塗料で描き込んだ。あえて明るめの色味を選択して使用。

▲塗装とウェザリングが完了した状態。明るく、黄色味の強い外壁の色で塗装されたストラクチャーは、その横に配置される軍用車両との色味のコントラストとなる。

▲屋根の頂点となる鉄板はサビを表現する色味をスポンジを使ってチッピング。

▲タミヤアクリルのグレー系の塗料数種類を使用して、屋根のアスベスト板を塗装。ウェザリングを強く施すので明るめの色味を使うとよい。最後に多めに希釈したアモのエンジングライムをエアブラシ塗装して褪色を表現する。

Panzers in Diorama

Step 2
ストラクチャーの製作と塗装

戦争との対比構造として重要な役割を果たす遊具たちを作る。使用するマテリアルはプラスチック材、バルサ材、銅線など様々だ。はんだ付けやプラスチック工作などいろんな工作技術が必要となる。

▲シーソーと同じように自作した子ども用の回転遊具。プラスチック材、銅線、バルサ材、真ちゅうパイプを加工して、資料を参考に製作する。

▲仕事で使用するデザインソフトを使い自分で設計した滑り台を製作。プラ板とアルミ板をカットして部品を作り接着してゆく。

▲登りはしごはプラ板で製作。各段のスペースは子どもが登ることを考えて配置するとそれらしくなる。

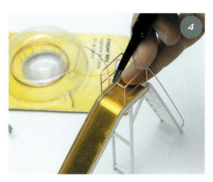

▲滑り台上部のフェンスは0.8mmの銅線をハンダで固定して製作。プラ板を溶かさないよう、素早い固定が必要となる。

▲公園に配置されるシーソーは2mmの真ちゅう線で製作。固定はハンダを使用。スケールが不自然にならないようサイズに注意。

▲地面に埋め込まれたタイヤもラッカー系塗料で塗装。グランドワークに彩りを加える。塗料のツヤで、ペンキで塗った雰囲気が出る。

▲遊具のチッピングはアクリル系塗料を使った。屋根に施したときと同じようにスポンジと面相筆で傷や塗膜の剥がれを描き込む。

▶滑り台は油絵具でサビ表現をさらに加え、乾燥後に埃表現。金属感を出すためにメタル系のピグメントを擦り付けて使用感を出す。

▲遊具のベースにはエナメル系ウェザリング塗料や油絵具を使い、汚しを施す。

▲原色の赤、青、黄色をベースとして遊具はカラフルに遊具らしく塗装する。使用したのはGSIクレオスのラッカー系塗料。

109

Modeler 08 — IMAD BOUANTOUN — Work — **PLAYING WITH DIRT** UKRAINE WAR

Step 3
グランドワーク製作と塗装

主に石膏を使用したグランドワーク。車両の重量感を出すためにぎゅっと押し込み破壊された雰囲気を演出。塗装ではぬかるみを再現し、油絵具によるウェザリングを施す。

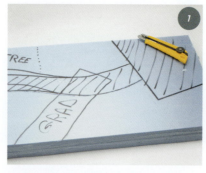
▲スタイロフォームに基本的なレイアウトを描き込み、カッターで石畳を埋め込む箇所を切って窪みを作る。

▲型枠に石膏を型に流し込む。粘度が高いが隙間なく埋まるように多めに流したあと、表面をヘラでならして平らにする。

▲型も2種類製作し、パネルの大きさにバリエーションを持たせる。数が足りなくならないように多め製作するとよいだろう。車両を配置する箇所の石畳に、車両の重量によって与えられたダメージを表現。

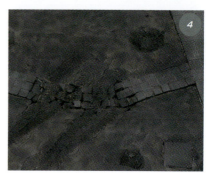
▲地面全体を黒で塗装して、基本塗装の下地とする。

▲石畳以外の地面にはファレホのシックマッドを使いぬかるんだ地面を再現。単調にならないよう凹凸を付けて自然な状態に仕上げる。

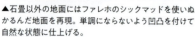

▶ポーランド製のハイクオリティな完成品の木を部分的に追加塗装しいる。白樺の木に見えるように、実物の木を参考にしながら塗った。

▲石畳は油絵具を使って塗装。基本色のライトグレーの上から、最初のウェザリングもこの時点で施してしまう。

▲ダイオラマに登場するウクライナ軍の兵士と少年はエボリューション製のフィギュアを改造して使用した。親友であるアレクセイ・セルゲイに塗装してもらった。子どもの服装は民間人を意識させる明るめの色を使って塗装。

Panzers in Diorama

▲木の基本色を塗装後、ロケットの弾薬箱の基本色もラッカー系塗料のグリーン系の色味で塗装。異なる色味のグリーンで差異をつけ、ヘアスプレー剥がしで傷を作り、木の下地を出す。最後に油絵具でフィルターを掛けてからピグメントで仕上げた。

▲シックマッドを3時間ほど乾燥させてから植物系のマテリアルを地面に散らして配置した。葉は家の庭から集めたものを乾燥させてこまかく切って使用した。

▲溶けた雪の水たまりをファレホのウォーターテクスチャー、さらにクリスタルレジンを使って表現。

▲ぬかるみはタミヤアクリルのフラットブラウンで色を付けた。雪だけではなく水もぬかるみ表現では重要なテクスチャー。地面の状態が一辺倒にならなくなる。

▼葉などを固定して24時間乾燥後に雪を再現する。全体ではなく地面が見える個所も作り出しておくと自然なグランドワークとなる。

Modeler 08　IMAD BOUANTOUN　Work　PLAYING WITH DIRT UKRAINE WAR

Step 4
BM-21 グラート 製作と塗装

主役となるグラートを製作する。要所要所に効果的なディテールアップを行ない、ていねいなウェザリングで仕上げている。ここでは主に塗装工程を紹介する。

▲ダイオラマの主人公は廃棄されたBM-21。トランペッター製のキット。フォルムなどはすばらしいがタイヤはATモデルの自重変形が再現されたものを使用。

◀▶車体の迷彩塗装にはアモのフィルター、グレー（白用）をホワイト部分に、ブラウン（白用）をグリーン部分に使いフィルタリング。

▲油絵具を使って強めのウェザリングを施す。ブラウン系で泥汚れ、ブラックを多めに希釈してオイルの滲みなどを作り出した。

▲車体の下部はAKインタラクティブのダークマッドを筆で塗布した上からピグメント各色を振りかけてからさらに筆でならす。

◀タイヤのウェザリングはさまざまなエナメル系マテリアルをレイヤー的に重ねて行なった。一晩乾燥させて、ピグメントで仕上げる。

◀BM-21の完成。情景に合わせたウェザリングが施され情景の主役として配置される。車体上部と下部の汚し具合のバランスが絶妙だ。

Panzers in Diorama

吉岡和哉が語る、本作「PLAYING WITH DIRT」のミドコロ

現代戦を要素の対比と巧なレイアウトで構成された秀作

Point 1 平な地面を単調にさせない工夫

ダイオラマの左端には樹木が配置され、右側には売店がベースに対して斜めに配置されている。これらの配置はなんでもないように見えるが、ベースの見映え良くするために不可欠な配置といえるのだ。本作は平地で構成されていて、平らな地面は見た目が単調になりやすい。しかし樹木が生む高低差はベースに変化を与え、売店の配置は絵に動きを付けて視覚的に抑揚を感じさせる。さらに雪の地面に足されたぬかるみが、質感と色彩を対比させ、これらの要素が平な地面の単調さを防ぐ役割を果たしている。

Point 2 アイディアソースは記録写真から

ウクライナ戦争の記録写真からヒントを得たというと本作品。ドネツク人民共和国所属の車両が子どもの遊び場をカムフラージュに利用したエピソードを元に製作されたという。アイデアの目の付け所が良く、それが見事にダイオラマにまとめられている。ダイオラマの舞台を子どもの遊び場にすることで、日常に入り込んだ特異な非日常感が強調されて、戦争が日常化したウクライナの様子としてうまく表現されている。

Point 3 対比要素を効果的に使用する

遊び場に似つかわしくない軍用車両を大胆に配置。遊具に対する兵器や、鮮やかな色の遊具と周りに溶け込む迷彩色、兵士と子どもなど、このダイオラマには、いくつもの対比する要素が加味されている。作品内に対比する要素を置くと、それぞれが強調され鑑賞者に視線を向けるフックとして機能する。そしてそのギャップが作品に強い印象を与え、作品のストーリーにも深みを与えてくれるのだ。

Point 4 ひとりの子どもが語る作品の背景

ダイオラマの要素で子どもはとても惹きが強く、無闇に使うと散漫でまとまりのない作品になりやすい。しかし本作の子どもは市民のメタファーとして配置され、そこにウクライナ兵士を絡めることで街の解放が表現されている。なお子どもの数を増やしてもよさそうだが、たくさんの遊具に対して子どもがひとりだけのほうが観る者に複雑な背景を想像させ、そして無邪気に微笑む顔が、悲しい背景との対比を際立たせている。

"PLAYING WITH DIRT"
UKRAINE WAR

| 113

Modeler 09
GREG CIHLAR

グレッグ・シラー

1965年生まれ、シカゴ在住。AFVとヒストリカルフィギュア製作をメインとするベテランモデラー。日本を代表するモデラー、平野義高から強い影響を受けた作品を発表し続けている。

---

work 1

Trophy Hounds
101st airborne Division　Carentan June 1944

空挺兵の群像劇を表現したヴィネット作品だ。グレッグさんの作品は無駄のない切り詰めたレイアウトが魅力的だ。大胆とも言えるほど切り詰められたベースは、デッドスペースが一切なく、潔い仕上がりだ。ぎゅっと詰められたフィギュアたちを鑑賞しよう。

□　アルパインミニチュアズ　1/35　WWII 米 第101空挺師団 士官

work 2

Battle Hardened

本作のヴィネットのベースは市販されているものだ。グレッグさんにしてはめずらしく市販されているものを組み合わせたカンタン仕上げとなっているが、言うほど簡単な話ではない。彼が持つハイレベルなセンスでまとめられたヴィネットを堪能しよう。

□　KVII戦車の一部　ビネットベース　WWII（60 x 60mm）
　　ダリウスミニチュア　1/35

work 3

Search and Rescue

グレッグさんのパートで最後に紹介するのは、グレッグ作品の真骨頂とも言える縦長のレイアウトの作品だ。1/35スケールともなれば大きなアイテムであるヘリコプターを登場させるにはどのように切り詰めたら良いのだろうか。なぜこの作品がすごいのかを徹底解説。

□　AH-6J/MH-6Jリトルバード ナイトストーカーズ　キティホーク　1/35

Panzers in Diorama

Search and Rescue

配置されたフィギュアの高さの差はグレッグさんの作品としては少な目だが、今回の作品は意外と奥行きがある。前面から3列に重なるフィギュアの位置と、その背後に配置されたストラクチャーの4層のレイヤーで小さいスペースでの構成に複雑さをもたらしている。

Panzers in Diorama

Trophy Hounds
101st airborne Division
Carentan June 1944

グレッグ・シラーさんの作るヴィネットは無駄がない。彼の作品はベース上に必要最低限の要素を配置することでまとめられている。無駄なスペースを極力省いた構成だ。ダイオラマやヴィネットでは無駄なスペース、いわゆるデッドスペースを設けることで主役となる車両や、物語の主題に視線が向くようにしたり、それらを目立たせる役割を担うこともある。しかし、これほどまでに切り詰めたレイアウトは潔さをも感じさせる。レイアウトもブレにくく、そしてなによりシーンが明確になることが利点と言えるだろう。強い絵力を持った作品は観る者の印象に強く残る。余計なものがない分主役となる要素に製作を注力できるのもまた利点と言える。ていねいにこまかく作り込んで塗り込めば、鑑賞者を引き込む見せ場になる。良い作品の特徴は作品の前に鑑賞者をどれだけ足を止めさせることができるかだが、この作品はまさにそれ。派手な戦闘シーンでもなく、戦車も登場しないのにここまで人を魅了するのは、この極端な切り抜き方ゆえの演出だろう。

| 117

Work 1 **Trophy Hounds**
101st airborne Division
Carentan June 1944

左右を切り詰めた構図で
見せたいところを引き立てる
グレッグ作品の真骨頂

Panzers in Diorama

吉岡和哉が語る、
本作「Trophy Hounds」のミドコロ

Point 1　高低差を生み、視線を止める大事な背景

フィギュアの魅せ方が上手いグレッグさんのヴィネットは、本作品でも例にもれず、巧みなポージングと配置により5体がよく見えるよう、高低差を生かした配置がなされている。そしてそれらより高い建物を背景として据えることで、構図に抑揚を生むと同時に、視線がフィギュアの奥に抜けないようにアイストップとしての機能も果たしている。

Point 2　フィギュアのひな壇に適した対空砲

見やすく配置できるように、ひな壇として使える戦車はフィギュアヴィネットでも重宝する。ただ戦車は主張が強くフィギュアが目立たなくなることも稀にある。その点、本作品でひな壇として使われたFlak38は、そのちいささによりフィギュアが引き立つよう配置しやすい。機関砲の複雑な型は密度感もあり、鑑賞者の視線を向けるアイキャッチとしても効果的だ。

Point 3　左右を切り詰めて印象を強める

作品は、極端に左右を切り詰めた縦長の構図でまとめられている。少し幅に余裕があってもよさそうだが、左右を圧縮した構図により作品内の要素がひと目で入ってくる。ちいさなヴィネットでも主題を強調することで、強い存在感のある作品にすることができるのだ。

| 119

Battle Hardened

　　胆にトリミングされたKV-2の車体が印象的な本作
大　品。ダリウスミニチュアというレジンフィギュア
メーカーが作る車両の一部を切り取って構成されたベース
をもとに製作されている。そのため、既存のレジンキット
にフィギュアを載せただけのカンタン仕上げということに
なる……。が、ひと言で完結するほどカンタンなものでは
ない。普通にフィギュアを載せただけではこうはならない。
そこにはグレッグさんが長年ヴィネットを作り続けたこと
で得た絵としてよく見せるためのコツに裏付けられている。

どんなにうまく塗ったフィギュアでも、ただ載せるだけで
は良くならず、鑑賞者を飽きさせてしまうことになる。各
フィギュアがよく見える位置に配置することも大事だが、
「指でつまんでポンと置いた」ではなく「兵士が歩いてそ
の場にいる」自然さが最も重要になる。記録写真を見るの
も大切だが、人が戦車に乗ったとき、どうするかを想像す
れば自ずと答えは出てくるだろう。もちろん「見映え」は
さらに大切で、リアルをこだわりすぎて、表現の幅を狭め
てしまわないように意識をすることも忘れずに。

Panzers in Diorama

Modeler 09　GREG CIH'　Work 2　Battle Hardened

本作の魅力はフィギュアと車両の絶妙な絡み

ヨシオカのココ！チュウモク

大胆なトリミングが印象的なダリウスミニチュア製のKV-2。キットは縦長で高低差は出るがフェンダーにフィギュアを立たせるだけだと砲塔とフィギュアの高さが近く、作品の上側を切り揃えた変化のない構図になってしまう。だが、作品は砲塔の上にひとり立たせることでそれを回避し、縦方向に伸ばした斬新な構図としている。

縦長の構図はフィギュアが隠れることなく配置でき、塗り込んだフィギュアをしっかり見せたい場合には効果が出る。中段右の砲塔にもたれた兵士、その左の防楯にひじをついた将校、上段の防楯に腰掛ける兵士は、まるでこのキットにセットされたフィギュアかのようによく馴染んでおり、アイテムを選ぶセンスの高さも窺える。

Panzers in Diorama

吉岡和哉が語る、本作「Battle Hardened」のミドコロ

Point 1　4階層に別かれたフィギュアの配置

ストーリがあるわけではなく、実際にはあまりないようなシーンと言えばそれまでだが、絵としての完成度が高く見事なバランスでまとめられている。KV-2の砲塔前部からフェンダーと車体側面をカットされたキット。フィギュアを乗せるとなるとフェンダーのみに置いてしまいがちだ。しかし本作は地面、フェンダー、防楯、砲塔の4箇所に乗せられている。4階層に分けて配置することで5体のフィギュアを満遍なく見せることができる。この配置は作品の後面以外、どこから観てもフィギュアが鑑賞可能だ。どの方向を向けても密度感溢れる絵になり、見応えに繋がるのだ。

Point 2　車体に座る、寄りかかる

フィギュアを車両と絡めたとき、背の高さを変えたり粗密を付けたりしても何故かしっくりこないことがある。「そこに人が居る」と「そこにフィギュアを置いた」この違いは重要だ。人はそばに何かあれば寄りかかって体重を預けるし、ちょうど良いスペースがあれば座りもする。フィギュアを配置するときは戦車と触れる部分が多くなるように意識しよう。台があれば足を乗せ、取っ手があればそこを掴む。本作品はフィギュアが歩いてそこに居る佇まい、戦車との統一感、自然なまとまりを放っている。

Point 3　雑多な軍装でフィギュアの魅力を高める

複数のフィギュアが登場する本作品。ずっと観ていられる魅力があるが、その理由のひとつに雑多な軍装のフィギュアが使われている点がある。テログレイカ、オーバーコートの2種類の軍装が魅力的だ。テログレイカの兵士はアメーバ迷彩のオーバーパンツを履かせたり、ドイツ軍から鹵獲したオークリーフパターンの冬季パンツ、ルガーのホルスター、柄付手榴弾を装備している。ちいさい作品だからこそ、情報を増やして見せ場作りも妥協しない。

空機を使ったダイオラマはいつか作ってみたいモチーフのひとつだと言う方も多いのではないだろうか。んだ状態がサマになる分シチュエーションにも制約があ、その大きさ故取り回しにも難がある。その点フィギュと絡めやすいのはなんといっても回転翼機。救助に制圧援、降下潜入など題材にも事欠かない。本作で使われたトルバードはサイズも手頃で、ヴィネットにしやすい。落した機体の救助に駆けつける特殊部隊をモチーフにし本作品。飛行状態でないものの、派手に墜落した様子が

想像を掻き立てる。ちいさいベースにヘリとストラクチャー、そしてフィギュアを詰め込むことで見せ場をぎゅっと圧縮し、ドラマ性を高めてゆく。機体を立てて配置したアグレッシブな構図はそのためのもの。縦置きは小面積のベースにボリュームのある要素を配置できる見せ方のひとつ。見映えとドラマ性を兼ね備え、作品の見せたいところも強調できる。その分細部の作り込みと塗り込みも重要で、それらが上手くまとめられたのが本作だ。グレッグさんの手腕の高さが見て取れる、彼の作品の真骨頂と言えるだろう。

Search and Rescue

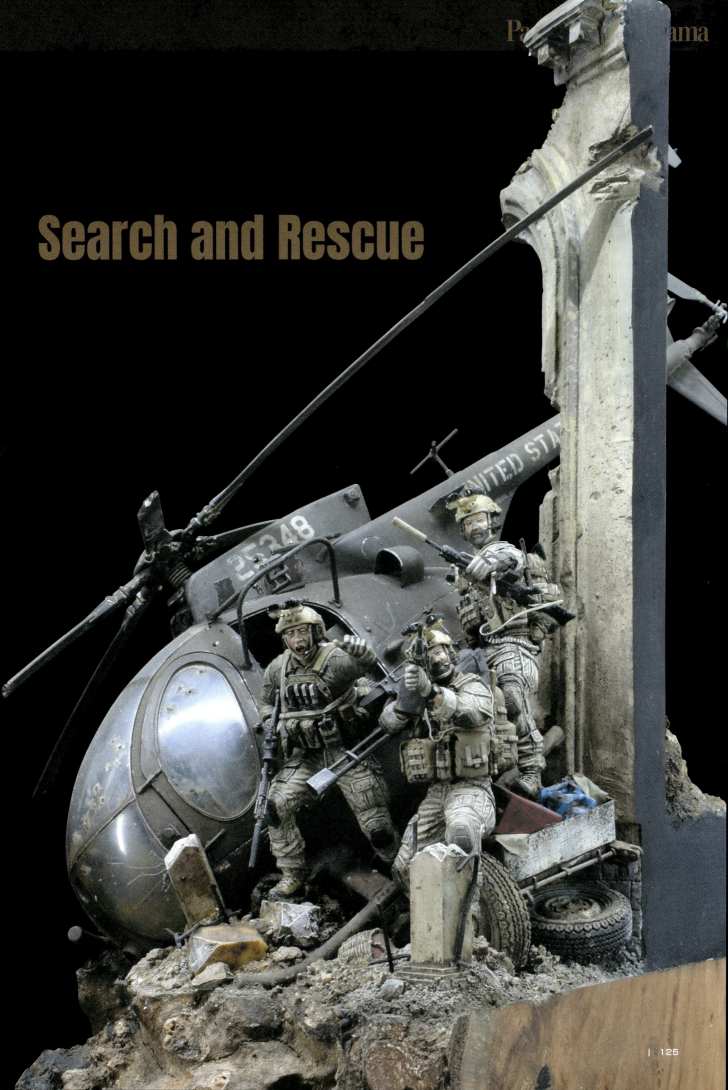

Modeler 09 GREG CIHLAR　　Work 3　Search and Rescue

ボリュームあるへりを巧みに収めた緊迫感漂うヴィネット

Panzers in Diorama

吉岡和哉が語る、本作「Search and Rescue」のミドコロ

Point 1　ちいさなベースにへりを配置

MH-6リトルバードは小型のヘリコプター。小型といえど1/35となるとそれなりのボリュームがある。切り詰めたヴィネットにするにも長いテールブームや5枚のローターが無駄な空間を生みやすい。本作では小さなベースに収まるよう墜落した状態を再現。前のめりで立てて配置することで機体を無理に切り詰めることなく配置した。前のめりの配置は死んだ状態を表して、それは戦車でも同様だ。壊れた機体を表現するのに効果的な手法と言えるだろう。

Point 2　作品に高さを与える2つの要素

ほかのグレッグ作品と同様に縦に長い構図が特徴の本作品。幅と奥行きを詰めても高さがあることで、構図に抑揚がつき作品の見映えが増す。本作は建物の壁に加えヘリのテールブームを追加して高低差を付けつつ構図に変化を与えている。上方へ伸びる壁面から下方へと斜めに降るテールブームにより鑑賞者の視線が行きつ戻りつしながら、作品の主役となる兵士の周辺へと誘導される。

Point 3　へりと壁で囲った見せ場

墜落したヘリの乗員を救出に来た特殊部隊を中心にストーリを展開する本作品。四方から敵意をもった民衆が迫り来る様子が頭を過ぎる。孤軍奮闘する隊員達。追い詰められた状況が引き立つようフィギュアの後にヘリを配置。もちろんフィギュアへ視線を止めるためのアイストップとしての機能があるが、それよりも後退りできない壁としての役割を成す。観る者に圧迫感を与え、緊張した様子を表現している。

Point 4　舞台を市街地にする理由

作品の舞台は中東の市街地。高さのあるアーチ状の壁が土地の雰囲気を醸し出す。市街地は高低差を付けるのに有効な舞台だ。市街地を選ぶメリットそのほかにもある。市街は人の営みが展開される物に溢れた場所なのだが、カラフルで雑多な要素が多く種類もさまざま。そんな戦場を舞台にすれば自ずと情報も増えてくる。違和感なく小物が配置できるシチュエーションと言えるだろう。たくさん配置すれば作品の主題へと視線を導いてくれる。これらを活かさない手はないだろう。

ヨシオカのココ！チュウモク

高い工作力と質感豊かに塗り込まれた塗装はいうまでもなく、リトルバードの機体と建物の柱からなる輪郭が見事に三角形をかたどった構図の作品である。非常によくまとめられ完成度の高いレイアウトは、グレッグさんの作品のなかでも出色の出来だといえるだろう。

パンツァーズ イン ダイオラマ

吉岡和哉がわかりやすく解説する海外モデラーが傑作を作る秘訣と技法

◎内容に関するお問い合わせ先：03（6820）7000　㈱アートボックス
◎販売に関するお問い合わせ先：03（3294）7861　㈱大日本絵画

Publisher: Dainippon Kaiga Co., Ltd.
Kanda Nishiki-cho 1-7, Chiyoda-ku, Tokyo 101-0054 Japan
Phone 81-3-3294-7861
Dainippon Kaiga URL. http://www.kaiga.co.jp
Copyright ©2025 DAINIPPON KAIGA／Armour Modelling
Editor: ARTBOX Co.,Ltd.
Nishikicho 1-chome bldg., 4th Floor, Kanda Nishiki-cho 1-7,
Chiyoda-ku, Tokyo 101-0054 Japan
Phone 81-3-6820-7000
ARTBOX URL: http://www.modelkasten.com/

Copyright©2025 株式会社 大日本絵画／アーマーモデリング
本書掲載の写真、図版および記事等の無断転載を禁じます。
定価はカバーに表示してあります。

ISBN978-4-499-23425-2

Panzers in Diorama
The Secrets and Techniques of the world modelers to Explained by Kazuya Yoshioka.

パンツァーズ イン ダイオラマ
吉岡和哉がわかりやすく解説する海外モデラーが傑作を作る秘訣と技法

編集	アーマーモデリング編集部 （佐藤南美・野原慎平・堀 和貴・塩飽多聞・市村実保）
模型製作	ロジャー・ハークマンス（Roger Hurkmans） クレアンクライ・パオジンダ（Kreangkrai Paojinda） 山田和紀（Kazunori Yamada） ボルカー・ベンベネック（Volker Bembennek） ピーター・w・アッシャー（Peter W Usher） ジャン・スアン・リー（Giang Xuan Le） バーナード・ルスティッヒ（Bernhard Lustig） アイマッド・ボワンティオン（Imad Bouantoun） グレッグ・シラー（Greg Cihlar）
解説	吉岡和哉（GRAB）
協力	吉田伊知郎
撮影	㈱インタニヤ
デザイン	吉岡和哉（GRAB）
発行日	2025年5月11日　初版第1刷
発行人	小川光二
発行所	株式会社 大日本絵画 〒101-0054 東京都千代田区神田錦町1丁目7番地 Tel. 03-3294-7861（代表） URL. http://www.kaiga.co.jp
企画・編集	株式会社 アートボックス 〒101-0054 東京都千代田区神田錦町1丁目7番地 錦町一丁目ビル 4F Tel. 03-6820-7000（代表）　Fax. 03-5281-8467 URL. http://www.modelkasten.com/
印刷	三松堂株式会社
製本	株式会社ブロケード